재와 물거품

안전가옥 쇼-트 08

김청귤 경장편

재와 물거품

1.

오늘도 파도가 잔잔하기를. 바다로 떠난 이가 무사히 나갔다 돌아오기를. 내일 굶지 않도록 물고기를 잡아 오기를. 시간이 흘러도 사람들이 바다에 비는 건 똑같았다.

오늘은 대를 이어받은 무녀가 처음으로 혼자 바다신께 사람들의 바람을 고하는 날이다.

바람이 심하게 불어 머리카락이 사방으로 휘날리고, 사람을 잡아먹을 듯한 파도가 섬을 때리는 한겨울이었다. 사람들은 두텁게 껴입고 옹기종기 모여 흉포한 파도가 닿지 않는 곳에 서 있었다. 아직 어린 무녀가 모두의 뜻을 받들어 바다신에게 기원을 드릴 수 있을까, 이 아이가 칼날 같은 바람과 얼음장 같은 바닷물에 쓰러져 바다님이 노하지는 않을까, 그래서 자신들이 피해를 입는 건 아닐까. 다들 불안과 의심을 고스란히 드러낸 채 전전긍긍하

재와 물거품

며 옷자락을 여몄다.

돌과 바다가 부딪치는 소리가 요란하다 못해 귀를 찢을 듯 끊임없이 이어졌다. 바람이 불 때마다 무녀의 얇은 옷자락이 펄럭거리고 가냘픈 몸이 휘청거렸으나, 서슬 퍼런 겨울 바다에 발을 담근 무녀는 눈을 감은 채 굳건하게 서 있었다. 무녀가 잘할 수 있을까 웅성거리던 사람들도 그 신비롭고 경이로운 모습을 보고 서서히 조용해졌다.

바람결에 옷자락이 펄럭거리는 소리와 자갈이 차르르 물결에 부딪치는 소리에 맞춰 무녀의 손이 흔들림 없이 북채를 들고 내리치자, 둥 둥 둥 낮은 북소리가 울려 퍼졌다.

"바다님이시여, 배가 어기영차 가고 싶은 곳으로 갈 수 있게 파도를 잔잔하게 해 주옵시고, 물고기가 많은 곳을 바람길로 인도해 주옵시고, 뱃사람들이 배 한가득 물고기를 잡아 무사히 집으로 돌아올 수 있도록 해 주옵소서. 비나이다 비나이다. 오늘도 저희가 배곯지 않고 웃으면서 보낼 수 있도록 도와주시옵소서."

무녀는 다른 사람들의 기원을 담아 바다님께 빌었다. 그 모습에 멀찍이 서 있던 사람들도 두 손을 간절히 모으고 연신 허리를 굽신거렸다. 말소리는 없었다. 바다님께 고하는 건 오롯이 무녀 한 사람뿐, 다른 이의 잡소리가 들어가서는 안 될 일이었다. 그런데 무녀는 기원만을 드려야 할 이 순간에 다른 생각을 하고 있었다. 자신의 일거수일투족을 감시하는 사람들의 눈초리가 가시처럼 온몸을 찌르는 걸 알면서도 몰래 스스로의 행복을 빌었다. 마음속 깊이, 끊임없이 바라는 단 하나의 소원이었다.

사람들의 기원은 무녀를 통해 바다로 뻗어 나갔다. 둥둥 낮게 울리는 북소리 위에 얹힌 목소리는 어렸으나, 깊이를 알 수 없는 바다의 끝까지 도달할 듯 힘이 있고 단단했다. 입술이 퍼렇게 질렸음에도 움츠러들지 않고 나지막하게 바다신께 고한 진심은 겨울 바다에 담근 맨발을 타고 더 깊은 바다로 전해졌다. 차디찬 물결이 바다로 되돌아갔다가 발목을 자를 듯이 거세게 밀려올 때마다 하얀 물거품이 무녀의 주변으로 산산이 부서졌다. 튕겨 나온 물방울은 얇은 옷만 입은 무녀의 몸을 적셨다.

그때 떨어져 나갈 것처럼 얼어붙은 발끝을 타고 어떠한 온기가 전해지는 게 느껴졌다. 깜짝 놀란 무녀는 저도 모르게 발가락을 꼼지락거렸다. 온기는 발가락에서부터 머리끝까지, 겁먹지 말라는 듯 천천히 퍼져 나갔다.

기원을 드리는 바다 저편에는 풀 한 포기도 나지 않는 아주 작은 바위섬이 하나 있었다. 모두가 잠든 한밤중에 바다신께서 달을 보러 잠시 머물다 가는 장소라고 하여 신성시되는 섬이었다. 그 근처에서 뭔가 반짝거리는 것 같았다. 무녀가 저도 모르게 그쪽에 시선을 두고 있는데 검은 무언가가 바위섬 앞 바다에서 불쑥 솟아올랐다.

재와 물거품

물귀신인가? 기원을 올리는 데 집중하지 않아서 잡귀가 나타난 건가? 이를 악물고 썩 꺼지라고 소리치려던 찰나에 그 무언가와 눈이 마주쳤다. 멀리서도 알 수 있었다. 물귀신이 아니라 상서로운 존재라는 걸.

이쪽을 가만히 바라보다가 눈과 입을 접어 웃는데, 너무나도 어여쁘고 반짝반짝 빛이 나 눈을 뗄수가 없었다. 온화한 바람이 불어와 기댈 곳 없는 마음을 감싸 주는 것 같았다. 그 존재는 무녀의 가슴을 두근거리게 만들고는, 유려하면서도 윤슬보다 더 반짝거리는 꼬리를 흔들며 바닷속으로 들어갔다.

상서로운 존재가 사라지자 온몸에 긴장이 풀릴 것만 같아, 무녀는 배에 힘을 주고 북을 내리쳤다. 둥 둥 둥. 귓가를 울리는 게 북소리인지, 자신의 심장 소리인지 알 수가 없다 생각하며, 둥 둥 둥.

다행히 기원은 무사히 끝났다. 그 웃음이 자꾸만 떠올라 하루가 어떻게 흘러갔는지 모를 지경이었다. 깊은 밤이 됐는데도 그 미소가 아른거려 잠이 오지 않았다. 무녀는 아침에 본 존재가 환상인지 아닌지 확인하고 싶었다. 처음으로 기원을 드리는데 사사로운 소망을 떠올린 게 문제였을까? 눈이 마주쳤을 때는 상서로운 존재라고 생각했지만 실은 자신을 홀린 헛된 존재였다면? 그래서 머릿속을 떠나지 않는 거라면? 섬 근처에 머물며 사람들을 괴롭히는 바다 요괴라면 어쩌지? 기원을 드렸는데도 바다가 매섭다면 큰일이다. 분노한 사람들은 자신을 제물로 바칠지도 모른다.

무녀는 입술을 사리물고 바다로 달려갔다. 무녀가 머무는 신당은 마을에서 멀리 떨어진 바닷가 바로 앞 언덕 위에 있어 금방 도착할 수 있었다.

겉옷과 신을 벗어 자갈 위에 내려놓고 어두운 밤바다를 가만히 바라봤다. 무녀는 홀린 듯이 치맛자락을 무릎 위로 끌어올린 후 바다로 걸어 들어갔다. 차가운 바닷물에 발을 담그자 머리끝까지 오싹해졌지만, 흐트러짐 하나 없는 자세로 나아갔다. 무릎까지 물이 차올랐을 때 발걸음을 멈췄다. 바다 위는 달빛으로 반짝거렸으나 그 아래는 깜깜했다. 그대로 주저앉았다간 다시는 헤어 나오지 못할 것 같았다. 추운 건 견딜 수 있었지만 아프기라도 하면 낭패였다. 내일 아침에 고기를 잡으러 나가는 이들이 만선과 무사 귀환을 위한 축원을 부탁한다면 어떤 상황이건 해야만 했다. 앞으로도, 계속, 죽을 때까지.

손에서 힘이 빠진 탓에 치맛자락을 놓쳤다. 젖은 치맛자락이 너무 무겁게 느껴져서 되돌아갈 수 없을 것만 같았다. 무녀는 섬 쪽을 바라보며 멀거니 서 있다가 뼛속까지 스민 한기를 자각하고 나서야 나지막이 속삭였다.

"돌아가자…."

스스로 몸 관리를 하지 않으면 밤새 끙끙 앓다가 축원을 못 할지도 모른다. 그랬다가는 섬사람들의

재와 물거품

눈초리가….

그때 어디선가 바다 표면을 두드리고 물을 튀기는 소리가 들렸다. 고개를 돌려 보니 바닷속에 오색 빛무리가 보였다. 어둠 속에서 부드럽게 흐르는 게 마치 은하수 같았다. 은하수는 빙그르르 돌더니 수면에 가까워졌다. 물 밖으로 튀어나온 꼬리가 수면을 찰싹 때렸다. 보기만 해도 꼬리의 주인이 신나고 기분 좋은 상태라는 걸 알 수 있을 정도로 경쾌하고 유려한 움직임이었다. 자신과는 달리 자유롭고 행복해 보였다.

무녀는 저도 모르게 점점 꼬리를 향해 다가갔다. 바닷물은 허벅지에서 허리, 가슴을 지나 어느새 턱 끝까지 차올랐다. 그러나 꼬리는, 꼬리의 주인은 손을 뻗어도 닿지 않는 아주 먼 곳에 있었다. 한 걸음만 더, 조금만 더….

홀린 듯 내디딘 발은 바닥에 닿지 않았다. 몸은 순식간에 중심을 잃고 바닷속으로 꼬꾸라졌다. 평생을 바다 옆에서 살아 물에 빠졌을 때 어떻게 해야 하는지 알고 있는데도 갑작스러운 사고에 당황한 나머지 숨을 뱉고 말았다. 입안으로 들어오는 바닷물을 삼키지 않으려고, 바다 위로 올라가려고 했으나 몸을 움직일수록 다리에 감기는 치맛자락을 푸느라 팔마저 제대로 쓸 수가 없었다. 몸부림칠수록 바다 위에 뜬 달이 이지러졌다.

죽고 싶지 않았다. 그런데 죽지 않으면 뭐 하나. 이 섬에 매여 다른 이들의 뜻을 전하는 것 외에 내가 무엇을 할 수 있지? 때가 되면 흘레붙은 가축처럼 원치 않는 새끼를 배고 죽을 힘을 다해 낳고 그 아이가 자랄 때까지 병든 몸으로 차가운 바닷물 속에서, 말라 죽을 듯한 뜨거운 햇살 아래서 끊임없이 기원만 드려야 하나?

어두운 바닷속보다 더 깜깜한 미래를 떠올리자 팔다리에서 힘이 빠졌다. 죽는 순간에라도 지긋지긋한 섬을 벗어날 수 있었으니 다행이라고 생각해야 하는 걸까. 마지막으로 달을 보고 싶다는 생각에 있는 힘을 다해 눈을 뜨니 은하수가 빠르게 다가오고 있었다. 너울거리는 긴 머리카락 사이로 아침에 마주쳤던 얼굴이 어두운 바닷속에서 뜬 달처럼 선명하게 보였다. 아침에는 어여쁘게 웃어 줬는데 지금은 다급하고 놀란 표정이었다. 웃어 주세요, 날 보고 웃어 줘요. 행복하게 갈 수 있도록….

눈이 감겼다.

코끝이 시렸다. 천천히 눈을 깜빡이고 사방을 둘러보니 칠흑같이 어두운 가운데 하늘에는 무수히 많은 별이 반짝였고, 바다에는 별빛이 반사되어 일렁거렸다. 그 속에 있으니 마치 허공을 유영하는 것 같았다. 여긴 꿈속일까? 아니면 죽어서 저승으로 가는 길인지도 모른다.

몽롱한 채로 빛을 보고 있는데 시야 안에 검은 실타래가 들어왔다. 그것이 목덜미를 간지럽히는 감각이 선명했다. 손으로 실타래를 잡으니 누군가

재와 물거품

고개를 돌렸다. 무녀의 입술이 그의 볼에 닿을 정도로 얼굴이 가까웠다. 그제야 무녀는 자신이 누군가의 등에 업혀 있고, 그의 목을 끌어안고 있다는 걸 알았다. 그 온기가 무척이나 다정하고 따뜻하다는 것도.

무녀는 이게 어떻게 된 일인지 알 수 없었으나 무의식적으로 자신을 업어 주는 이의 목을 꼭 끌어안았다. 그러자 그가 괜찮다는 듯이 팔을 톡톡 두드려 주었다. 다시 눈이 감겼다. 저승 가는 길에 누가 날 데리러 온 걸까? 선대 무녀… 엄마, 엄마예요? 내가 걱정되어서 데리러 온 거죠? 맞죠?

무녀는 웃으면서 깊고도 편한 잠 속으로 가라앉았다.

정신을 차려 보니 바닷물이 철썩거리며 발을 간지럽히는 중이었다. 머리카락과 옷은 물기 하나 없이 말라 있어, 업혀 있었던 건 꿈이었고 물에 빠졌다가 어떻게든 헤엄쳐서 물 밖으로 나와 기절해 있었던 건가 싶었다. 무슨 일이 일어났는지 기억이 제대로 나지 않았다. 몸을 일으키려고 손을 바닥에 짚자 뾰족한 것들이 손바닥을 찔렀다. 더듬거려 보고서야 자갈 바닷가가 아니라 바위 위라는 걸 알았다. 주위를 둘러보려는데 아침에 봤던 존재가 코앞에 있었다. 아까 업힌 채로 빛 사이를 날았던 건 꿈이 아니었다. 그리고 자신을 업어 준 존재는 선대 무녀가 아니었다.

차가운 새벽바람이 머리를 헝클어뜨렸고 짠 바다 냄새가 흐릿했던 정신을 일깨웠다. 환한 달빛으로 가득 차 반짝거리는 바다에서 그 존재는 어여쁜 미소를 지으며 자신을 바라보고 있었다. 환상이 아니라는 건 확실했다. 하지만 그보다 더 중요한 건 자신이 살아 있다는 것이었다. 왜, 어째서?

"날 왜 살렸어요? 그냥 두지, 내버려 두지!"

벼락처럼 말이 터져 나왔다. 말을 내뱉자마자 목숨을 구해 준 존재에게 못 할 말을 했다는 후회와 괜한 이에게 분풀이를 하는 스스로에 대한 환멸감이 눈물로 흘러나왔다. 살려 줘서 고맙다는 말을 해야 하는데 차마 입술이 떨어지지 않았다.

눈을 감은 채 하염없이 눈물만 흘리자, 젖은 손가락이 눈가에 닿았다. 선대 무녀가 죽은 이후 처음 느끼는 온기였다. 저도 모르게 손을 뻗어 상대방의 볼을 만졌다. 약간 서늘했으나 체온이 느껴졌다. 눈앞에 있는 존재는 고개를 갸웃거리더니 무녀의 손에 얼굴을 기대고 부비적거렸다.

무녀는 저도 모르게 흐느끼며 팔을 뻗어 그를 끌어안았다. 밀어내지 않고 같이 안아 오는 팔이, 품 안에서 느껴지는 체온이 너무 다정해서 무수한 별처럼 셀 수 없이 많은 눈물방울을 뚝뚝 흘렸다. 눈물을 일일이 닦아 주는 손짓과 마주 바라보는 올곧은 시선에 기대어, 달이 하늘을 가로지르는 시간 내내.

재와 물거품

이대로 계속 안겨 있고 싶었지만, 살아 있는 이상 무녀는 무녀의 일을 해야만 했다. 너무 운 탓에 눈이 부어 앞이 제대로 보이지 않았다. 애써 눈을 떠 주위를 살펴보았다. 자신이 있는 곳이 신성한 바위 섬이라는 걸 알 수 있었다. 이렇게 살아나게 된 건 바다님의 뜻인 걸까. 잘 움직여지지 않는 몸을 일으켜 바닷속으로 한 발을 내밀었다. 그러자 무녀를 구해 준 존재가 놀라며 무녀의 발을 잡고 조심히 물 밖으로 밀어냈다. 다시 발을 물속으로 집어넣으려 하자 그는 두 손으로 무녀의 발을 잡고 도리질했다. 이렇게 다정한 존재를 왜 의심했을까. 헛된 존재라니 그럴 리가 없는데….

"죽으려고 하는 거 아니에요."

그는 무언가 말하고 싶은 듯 입술을 벙긋거리더니 이내 입을 다물고 슬픈 눈빛으로 무녀를 바라보았다.

"반짝거리는 비늘이랑 꼬리가 너무 예뻐서 가까이에서 보고 싶은 마음에 바닷속으로 들어갔던 거예요. 조금 전에 한 말은… 죄송해요. 구해 주셔서 감사합니다."

그러자 상서로운 존재는 환하게 웃더니 바닷속에 있던 꼬리를 들어 살랑거렸다. 꼬리가 움직일 때마다 수면에 비치던 달빛이 부서지며 오색으로 찬란히 빛났다. 이런 빛을 담고 있는 존재가 상서롭지 않다면, 그 무엇이 상서로울까.

상서로운 존재가 물속으로 들어가더니 꼬리만

물 밖으로 꺼내 무녀의 종아리를 간지럽혔다. 서늘
하면서도 부드러웠다. 움직일 때마다 색이 달라지
는 투명한 꼬리에서 쉬이 눈을 뗄 수가 없었다. 꼬
리 위쪽 하반신은 밤바다처럼 검으면서도 꼬리처
럼 색색의 빛을 내는 비늘이 뒤덮고 있었다. 저도
모르게 손을 뻗어 만져 보니 매끄럽고 단단했다. 무
녀가 홀린 듯이 비늘을 쓰다듬자 바닷속에서 얼굴
을 내민 상서로운 존재가 소리 없이 웃음을 터트렸
다. 함부로 만진 게 부끄러워 얼굴이 불타올랐는데,
해맑게 웃는 얼굴을 본 순간 열기가 온몸으로 옮겨
붙은 듯 너무 더워졌다. 자신에게 이렇게 웃어 준
존재가 있었던가? 마음이 떨려 오고 눈이 멀 것 같
았다.

"당신은 누구예요?"
"언제부터 여기에 살고 있었어요?"
"이름이 뭐예요?"

어떤 질문을 해도 돌아오는 대답은 없었다. 상서
로운 존재는 고개를 갸웃거리거나 눈을 깜빡거리
기만 했다. 바다에 살고 있냐는 질문에는 고개를 끄
덕였으므로, '예' 또는 '아니오'로 답할 수 있도록
질문을 바꿨다. 이름은 없고 보다시피 인간이 아니
며 바닷속에서 홀로 지낸다고 했다.

"그럼… 바다신님이세요?"

상서로운 존재는 이 질문에 한참을 가만히 있더
니 고개를 끄덕이고 좌우로 흔들었다. 어느 정도는
그렇고, 어느 정도는 아니라는 뜻일까? 눈앞에 있

재와 물거품

는 존재가 정말로 바다신의 현신이건 요괴건 무녀에게는 별로 상관없었다. 혼자 남은 자들끼리 만나 서로를 안아 줄 수 있다면.

"제가 이름을 지어 드려도 될까요?"

그 말이 기뻤는지, 상서로운 존재는 꼬리로 무녀의 발끝을 건드리고 원을 그리며 헤엄을 치다가 꼬리로 수면을 두드려 무녀에게 물방울을 튀겼다. 상서로운 존재가 움직일 때마다 검은 바닷속에서 작은 빛들이 천천히 소용돌이쳤다. 그 모습에 빠져들어 있던 무녀는 얼굴에 물이 튀자 깜짝 놀랐다가 이내 환하게 웃었다.

"물 수에 맑을 아를 써서 수아라고 부를게요. 마음에 들어요?"

상서로운 존재, 수아가 무녀를 가만히 올려다보았다.

"별로인가요, 수아 님? 다른 이름을 지어 드릴까요?"

수아는 고개를 흔들더니 가까이 다가와서 무녀의 입술을 톡, 건드렸다. 그러자 청량하고 맑은 기운이 무녀의 입술로 전해져 왔다. 퉁퉁 부었던 눈에 서늘함이 느껴지더니 시야가 또렷해졌다.

맑아진 눈동자로 바라본 수아는 보는 이의 마음을 한 번 더 빼앗을 만큼 행복하게 웃고 있었다. 그 웃음은 길게 뻗은 투명한 달빛에 맑은 날 햇살 아래 있는 바다를 엮은 것 같은 꼬리보다 아름다웠고 은

하수를 둥그렇게 잘라 하나하나 이어 붙인 듯한 비늘보다 더 빛이 났다. 무녀는 자신의 입술 위에 있는 수아의 손가락을 느끼며 다시 입을 열었다.

"수아 님…, 수아 님…."

'수'라는 발음을 하며 입술을 오므리면 손가락 끝에 입 맞추게 되었고, '아' 하면 입안으로 들어온 손가락이 혀에 닿았고, '님'이라고 말하면 입안에 들어온 손가락을 입술로 부드럽게 물게 되었다. 바닷물에 젖은 짭쪼름한 손가락이 혀에 닿을 때마다 무녀의 몸 한가운데에 불이 붙는 것 같았다. 수아의 손가락이 무녀의 입술을 덧그리고 혀를 만지는 동안 무녀는 낯선 감각에 어찌할 줄 모르고 수아라는 이름만 몇 번이고 불렀다.

무녀가 얼굴을 붉힌 채 수아를 바라보는 사이 수아는 호기심 넘치는 얼굴로 무녀의 입술을 보고 있었다. 수아는 무녀가 하듯이 자신의 입술을 오므렸다 크게 벌렸다.

"수아 님, 님은 그냥 높여 부르는 말이에요. 수아 님 이름은 수아예요, 수아."

입술이 오므려지고 다시 꽃이 피듯 벌어진다. 수아는 수아라는 이름을 몇 번이고 곱씹고 있었다. 무녀는 그 모습을 보면서 생각했다. 섬사람들 중 자신의 이름을 불러 주는 사람은 한 명도 없었다. 어릴 때는 새끼 무녀님이었고, 정식으로 무녀가 된 지금은 무녀님으로 불릴 뿐이었다. 나에게도 이름이 있는데. 수아 님이 내 이름을 불러 준다면 얼마나 기뽈까.

"제 이름은 마리예요. 갈 마, 다스릴 리. 스스로를 갈고닦아 사람들을 이롭게 하라는 뜻에서 전대 무녀님이 지어 주셨어요."

무녀, 마리는 입술을 모았다가 떼면서 '마', 혀를 부드럽게 굴려 '리'라는 소리를 냈다. 수아는 여전히 마리의 입술을 손가락으로 덧그리며 이번에는 마리라는 발음의 입 모양을 자신의 입술로 따라 했다.

마리가 입술을 다문 뒤에도 수아는 계속 천천히 입술을 움직였다. 소리는 나오지 않았지만 마리를 부르고 있었다. 마리가 수아의 이름을 계속 부른 것처럼, 마리 님, 마리, 마리….

마리는 절대 이 광경을 잊을 수 없을 거라고, 다정한 시선으로 자신만을 바라보며 이름을 불러 주는 수아에게서 눈을 뗄 수 없는 건 당연한 일이라고 생각하며 웃었다.

수아는 마리를 업은 채 바위섬에서 마리가 사는 섬을 향해 천천히 헤엄쳤다. 바닷물은 얼음장처럼 차가웠으나 수아의 힘 덕분인지 마리는 머리카락 한 올도 젖지 않았고 심한 추위를 느끼지도 않았다. 수아의 목을 껴안고 있던 팔 하나를 풀어 옆으로 뻗었다. 손가락 사이사이를 지나가는 물결이 신기했다.

몇 번 손장난을 치니 어느새 바닷가가 코앞이었

다. 수아가 마리를 잡고 앞으로 밀자 마리의 발이 땅에 닿았다. 마리는 앞으로 가라는 듯 조심히 등을 미는 수아의 손짓을 따라 자갈밭으로 걸어갔다. 바다가 발목을 간지럽히는 지점까지 왔을 때 몸을 돌렸다. 수아는 여전히 그 자리에 있었다.

"다시 만날 수 있을까요?"

그러자 수아가 당연하다는 듯이, 망설임도 없이 고개를 끄덕거렸다. 마리는 환하게 웃으며 떨어지지 않는 발길을 옮겼다. 당장이라도 되돌아가 수아에게 이름을 불러 달라고 하고, 비늘을 어루만지고, 같이 바다를 헤엄치고 싶었다. 그러나 벌써 해가 떠오르고 있었다. 마리는 무녀의 의무를 지켜야만 했다.

신당에 돌아와 항아리를 열어 보니 바닥이 보였다. 생애 첫 기원을 드린다고 몸을 정결히 하느라 물을 썼더니 항아리가 텅 비어 버렸다. 물고기나 말린 나물 같은 건 기원을 드리러 온 섬사람들이 가져다주지만, 물은 직접 떠 와야 해서 이렇게 부족해질 때가 많았다. 축원을 부탁하러 올 때 물을 떠다 주면 좋으련만, 마실 물이 귀한 섬에서는 물고기는 나눠 줘도 물은 나누지 않았다. 그래, 혼자 사는데 물고기라도 받는 게 어디야. 사람들이 축원을 부탁하러 여기까지 오는 게 어디야….

신당 한쪽에서 작은 밭을 일구고 산에서 나물도 뜯어 오긴 했으나 먹는 양에 비하면 턱없이 부족했다. 선대 무녀와는 살가운 대화 한 번 나눈 적이 없어 같이 있어도 마음이 늘 허전했는데, 선대 무녀가 돌아가신 뒤에야 살갑지 않아도 누군가가 옆에 있어 준다는 것 자체가 힘이 되고 위안이 된다는 사실을 알게 되었다.

마을 외곽에 있는 우물에서 물을 떠 오는 일만 해도 그랬다. 둘이 하면 금방 항아리를 채웠는데 혼자 하려니 몇 번이나 왔다 갔다 해도 끝이 보이지 않았다. 그 고생 하기 싫으면 얼른 애나 배서 후계자로 만들라고 낄낄거리는 놈팡이들이 꼴 보기 싫어서 마리는 이를 악물고 물지게를 지고는 했다.

어슴푸레한 새벽을 가로질러 겨우 커다란 물 항아리 하나를 채웠다. 물은 마을 외곽의 우물에서 뜨나 마을 중심의 우물에서 뜨나 선착장 우물에서 뜨나 다 똑같다. 그 물을 이 항아리가 아닌 저 항아리에 담는다고 다른 물이 되지는 않는다. 그런데 축원을 하려면 꼭 마을 외곽의 우물물을 신당에 있는 항아리에 채우고 기원을 드린 후 그 물을 대접에 담아 선착장으로 가져가야 했다.

새끼 무녀일 때 누구보다도 빨리 일어나 선착장 근처 우물물을 퍼서 축원 준비를 몇 번 했는데, 결국 들키고 말았다. 눈에 불을 켜고 어찌나 몰아붙이던지. 무녀의 자격이 없다느니, 지금이라도 새끼 무녀를 더 낳아야 한다느니, 온갖 욕은 다 먹은 것 같았다. 그 물로 한 축원을 받고도 만선으로 돌아왔으면서. 무녀는 당시 며칠 동안 물도 못 마신 채 손이 발이 되도록 빌었던 기억 때문에 지금까지도 묵묵히 우물물을 퍼 항아리를 채운 후 신당에서 축원을 드리고 다시 선착장까지 나르는 번거로운 일을 했다.

추운 겨울날임에도 부지런히 움직였더니 몸에서 열이 났다. 체온이 떨어지면 바로 고뿔에 걸릴 걸 알기에 이불을 꽁꽁 두르고 아랫목에 잠시 누워 있었다. 잠깐이라도 자고 싶었지만 축원을 원하는 이가 찾아올 때 못 일어날까 봐 필사적으로 눈을 깜박거렸다. 해가 온전히 떴는데도 아무도 찾아오지 않는다면 그 이후로는 푹 잘 수 있을 터였다.

"무녀님, 일어나셨나요? 오늘 축원을 해 주십사 찾아왔습니다."

신당 바깥에서 누군가가 큰 소리로 무녀를 불렀다. 섬사람들은 신당 안으로 들어가면 바다님이 노하신다며 절대 들어오지 않았다. 대신 담 너머에 서서 목청껏 소리 질러 무녀를 깨웠다. 무녀가 그 소리를 못 듣고 계속 잔다면 나중에 대가를 톡톡히 치러야 했다. 바다님을 섬기는 마음이 부족하다는 이유로 바다에 몸을 담그고 수양을 하거나, 며칠 동안 먹지도 자지도 못한 채 기도해야 했다. 어릴 때는 잘못을 빌기만 하면 됐는데, 아기를 가질 수 있는 몸이 되자 사람들은 후계 이야기를 들먹였다. 자신을 지키려면 정신을 똑바로 차려야 했다. 무녀는 졸린 눈꺼풀에 힘을 주고 목을 가다듬었다.

"나갑니다."

일어나기 너무 싫었지만 일어나야만 했다. 부모

도 친척도 친구도 없는 무녀는 무녀의 의무를 지킴으로써 스스로를 돌봐야 했다. 앓는 소리가 절로 나오려 했지만 입을 꾹 다물고 일어났다. 누워 있느라 부스스해진 머리카락과 옷매무새를 정돈하고 겉옷을 챙겨 입었다.

무녀는 머리에 대접을 이고 한 손에 소나무 가지를 든 채로 신당을 나섰다.

무녀를 데리러 온 사람은 얼마 전에 혼례를 올린 여자였다. 동그랗게 살이 붙은 얼굴을 보니 굶고 사는 것 같지는 않아 다행이라는 생각이 들었다. 무녀가 먼저 앞서가자 여자가 뒤를 따라갔다. 선착장으로 가는 동안 두 사람 사이에는 말 한마디가 없었다. 무녀는 행복하냐 따위의 질문을 하려다가 말았다. 어떤 말을 해도 예, 예라고 답할 게 뻔했기 때문이다.

무녀는 사람과 바다를 이어 주는 존재이기 때문에 사람들과 어울려서는 안 됐다. 사람이라기보다 마을 중앙에 있는 거대한 소나무나 그 옆에 있는 우물처럼 귀하고 중요한 무언가와 다를 바 없었다. 그런 취급을 받는 건 어쩔 수 없는 일이라고, 감내하고 이겨 내야 하는 일이라고 생각했다. 자신은 모두를 위해 바다에게 기원 드릴 수 있는 유일한 사람이니까. 무녀라서, 혼자라서 느끼는 괴로움과 외로움, 서글픔까지도 모두 자신을 성장시켜 줄 밑거름이라고 생각했다. 그래야만 했다. 잘 성장한다 한들 이곳에서 뭘 할 수 있는지는 모르겠지만.

무녀는 어젯밤을 떠올렸다. 밤바다가 너무 예쁘
다고 말하자 웃어 주며 끄덕거렸던 수아를, 또 만나
자고 했더니 꼬리를 흔들며 좋아하던 수아를.

수아의 두 눈에 담겨 있던 보름달과 바다 위에 뜬
별처럼 반짝거리던 비늘, 조금은 서늘한 체온이 느
껴지던 물기 어린 피부, 서로의 몸이 맞닿은 감각.

수아와 함께 있을 때는 물속에 있어도 전혀 춥지
않았는데, 지금은 차가운 바람에 귀가 얼어붙을 것
같았다. 뒤를 돌아보자 따라오던 이가 걸음을 멈추
고 고개를 숙였다. 무녀와 거리를 유지한 채 두 손
을 모아 단정한 자세를 취하고 있었다.

무녀는 여자의 푹 숙인 머리를, 왼쪽으로 치우쳐
진 가마를 바라보다가 다시 걸음을 재촉했다.

축원이란 별것 아니었다. 물을 채운 대접에 담갔
다 뺀 소나무 가지로 바다에 나갈 사람과 배를 향해
물을 뿌리며 무사히 잘 다녀오라는 말을 하는 것이
었다.

이런 게 도움이 되긴 하나 싶었지만 대대로 내려
오는 무녀의 일이라고 하니까 할 수밖에 없었다. 무
녀는 머릿속의 여러 가지 의문들을 접어 두고 솔잎
에 묻은 물방울을 튀기며 입을 열었다.

"이 축원을 받고 배 가득 물고기를 잡아 무사히
돌아오기를 바랍니다. 바다님, 우리의 어머니시
여, 제 목소리를 듣고 있다면 이 사람과 이 사람
의 가족이 배곯지 않도록 도와주소서. 당신의 딸

재와 물거품

이 바라옵니다."

자신에게도 물고기를 넉넉하게 줄 수 있도록 많이 잡아 오길 바라며 무녀가 배의 주인인 남자에게 물방울을 뿌리는 동안, 여자는 두 손을 비비며 연신 고개를 조아리고 있었다. 비나이다 비나이다. 간절한 목소리가 물방울을 타고 남자에게 쏟아졌다. 남자는 눈을 감고 고개를 숙인 채 허공에서 떨어지는 물방울을 맞았다.

대접을 들고 배에 다가가서 마저 물방울을 뿌리려다가 바닷속에서 얼굴을 내민 수아를 발견했다. 순간 놀라서 대접을 떨어뜨릴 뻔했다. 실제로 그랬다가는 부정 탄다 어쩐다 얼마나 많은 말이 나올지 상상도 하기 싫었다. 심장이 벌렁거렸지만, 티 내지 않으면서 배에 가까이 갔다. 혹시 수아가 이쪽으로 다가오지는 않을지, 다른 사람들이 수아를 발견하지는 않을지 조마조마했다.

섬사람들이 상체는 사람이고 하체는 물고기인 수아를 보면 어떤 반응을 보일까? 상서롭다고 느낄까? 요괴라고 소리치며 작살을 집어 던질까? 신기하다며 산 채로 잡아 팔아넘기려고 할지도 모른다. 아니, 너무 안 좋은 쪽으로만 생각할 필요는 없을 것이다. 어쩌면 바다의 딸이라며 또 다른 무녀 취급을 할 수도 있다. 그건… 그것대로 싫었다. 수아는 어떤 것에도 얽매이지 않고 자유롭게 바다를 헤엄쳐야 했다.

"저거 사람 머리 아닌가?"

"세상에! 혹시 저번 달에 죽은 김 씨가 떠내려오는 거 아녀?"

미신에 민감한 섬사람들은 갑자기 호들갑을 떨었다. 마리는 아랫배에 힘을 주고 묵직하게 소리를 뱉어 냈다.

"축원할 때는 조용히 해야 하는 것 모릅니까! 그리고 어디에 뭐가 있다는 말이죠? 정성을 다하지 않으니 헛것이 보이는 거지. 계속 소란 피울 거라면 그냥 돌아가겠어요."
"아이고 죄송합니다, 무녀님. 노여움을 푸시고 제발 축원을 해 주세요. 제가 계란도 챙겨 드릴게요."
"근데 저기에….."
"이 사람아, 조용히 좀 해!"

무녀가 아무 말도, 아무 행동도 하지 않은 채 가만히 서 있자 사람들은 점점 조용해지더니 이내 고개를 숙였다.

"무녀님, 저를 봐서라도 잘 부탁드릴게요. 혼인한 지 얼마 되지도 않았는데 과부 되고 싶지 않습니다. 제발 무사히 돌아오라는 축원을 해 주세요."
"축원할 때 한눈을 팔면 제가 아무리 정성을 다해도 소용없습니다. 바다는 모든 것을 다 내어 주는 곳이자 언제든지 생을 앗아 갈 수 있는 곳입니다. 아시겠습니까?"
"예, 예, 그럼요. 알고말고요."

무녀의 엄한 말에 사람들은 기가 죽어 고개를 숙이고 여자는 허리를 굽힌 자세로 연신 두 손을 비볐다.

재와 물거품

"죄송합니다, 무녀님. 제 남편 무사히 돌아올 수 있게만 해 주세요. 부탁드립니다. 제가 무녀님 옷을 정성을 다해 한 땀 한 땀 바느질해 지어 드릴 테니 잘 부탁드릴게요. 제발 제 남편이 물귀신 안 되게 잘 축원해 주세요."

"다시 할 테니 집중하세요."

이제 수아가 문제였다. 이쪽으로 오지 마. 오면 안 돼. 숨어야 해. 들리지는 않겠지만 필사적으로 중얼거렸다. 수아는 가까이 오지 않고 마리를 보며 환하게 웃다가, 마리의 표정이 굳어 있는 것을 확인하고 시무룩해하더니 물속으로 사라졌다. 혹시나 잠수해서 이쪽으로 오는 건 아닐까 싶어 바삐 눈을 움직였지만 다행히 수아는 눈에 띄지 않았다. 무녀는 안도하면서도 수아가 다시는 나타나지 않으면 어쩌지 하는 불안에 휩싸였다.

"다 끝났습니다. 무사히 잘 다녀올 겁니다."

"감사합니다, 무녀님. 돌아오는 대로 바다님께 감사의 인사를 바치겠습니다."

"만선을 빌겠습니다."

무녀는 뛰어가고 싶었으나 자신을 지켜보고 있는 눈 때문에 몸가짐을 바르게 해야 했다. 어깨에 힘을 빼서 가녀린 목을 드러내고 배에 힘을 주어 허리를 바르게 세운 채 걸었다. 되도록 빨리 걸어서 마을을 벗어나려고 했는데, 마을에서 제일 나이가 많아 지혜롭고 현명하다는 노인과 마주쳤다.

"어딜 가길래 그렇게 발놀림이 거친 겝니까."

무녀는 말 한마디 내뱉지 않고 그저 얌전히 고개만 숙였다가 들었다. 노인은 그런 무녀를 바라보며 미간을 찌푸리더니 한없이 걱정된다는 듯 조근조근 말했다.

"무녀는 항상 몸가짐을 바르게 해야, 바다님과 하늘님께 사랑받고 사람들에게 우러름을 받을 수 있다고 말하지 않았습니까. 보는 사람이 없다고 해도 바다님이 알고 하늘님이 아십니다."

"예."

"무녀의 의무를 잊지 마세요. 잔소리라 생각되겠지만, 이게 다 무녀님을 위한 늙은이의 마음입니다. 선대 무녀처럼 의무에 반항해 이 씨 저 씨 품는 것보다는 훤칠한 남정네 한 명의 씨를 품는 게 더 좋을 거 아니겠습니까."

"… 새겨듣겠습니다. 그럼 이만."

치맛자락을 억세게 쥐고 예의 바르게 인사한 후 다시 걸었다. 천천히, 조신하게. 발이 땅에 닿지 않는 것처럼 사뿐히 걸어 마을을 벗어났다. 섬사람들의 일과는 해가 뜰 때 시작되어 해가 질 때 끝이 났다. 사람들은 해가 뜨기 무섭게 밖으로 나와 그물의 엉킨 부분을 손보고 배에 흠집 난 곳은 없나 찾았다. 다들 바쁘게 일하는 중이라 마을을 돌아다니는 사람은 아무도 없었다. 무녀는 혹시 노인처럼 어슬렁거리는 사람이 있나 주위를 둘러본 후 머리 위에 올려 두었던 대접을 옆구리에 꽉 끼고 달렸다. 치맛자락이 다리에 뒤엉켰지만, 거침없이 달렸다.

마리는 사람들 앞에선 조용하고 음전한 몸가짐을 유지했다. 표정과 감정을 지우고 나비가 날갯짓을 하는 듯이 우물물 위의 나뭇잎이 고요히 떠 있듯이 나붓하고 조용하게 걸었지만, 그들의 눈에서 벗어나기만 하면 자유롭게 내달리고 마음껏 헤엄쳤다. 보는 눈이 없는 지금, 마리는 너울지는 파도처럼 무릎을 높이 들고 뛰고 또 뛰었다.

신당에 도착하자마자 대접을 조심스레 내려놓고 바다로 달려갔다. 한 발 내디딜 때마다 자갈이 다그락거리는 소리가 났다. 햇살이 바다 위에서 부서지는 통에 앞이 제대로 보이지 않았지만, 눈을 가늘게 뜨고 가까스로 바다를 바라봤다. 수아 님은 어디에 있지? 아까 아는 척하지 않아서 안 오시는 걸까? 밤에는 나타날까? 마리는 아쉬움에 한숨을 내뱉었다. 그때였다. 어디선가 찰싹, 물 위를 가볍게 때리는 소리가 들렸다.

"수아 님!"

수면 위로 모습을 드러낸 수아가 해맑게 웃고 있었다. 애간장이 탈 만큼 떨리던 마리의 마음이 사르르 녹아내렸다. 이리로 오라는 수아의 손짓에 따라 바닷속에 발을 담갔다. 바다에 발이 닿지 않는 곳까지 이르자 수아가 재빨리 손을 잡아 주었다. 마리는 헤엄칠 줄 안다고 말하려다가 웃으면서 손을 마주 잡았다. 바닷속에 있으니 수아의 손이 바닷물보다 따뜻하게 느껴졌다. 수아가 잡아당기는 대로 이끌리다 보니, 어느새 수아의 등에 올라타게 되었다. 수아는 자신의 목에 마리의 팔을 감게 하고 수아와 마리, 두 사람만의 장소인 바위섬을 향해 헤엄쳤다.

수아는 마리를 바위섬에 내려놓고 바위에 팔을 기댄 채 맑게 웃었다. 마리는 수아의 웃음을 보고 주저하다가 제일 중요한 말부터 꺼냈다.

"수아 님, 아까 모른 척해서 미안해요. 저는 수아 님이 좋지만 다른 사람들은 수아 님을 어떻게 생각할지 모르겠어요. 사람들은 자신과 다른 존재를 배척하거든요. 그러니까 무슨 일이 있어도 사람들 눈에 띄면 안 돼요."

마리는 같은 말을 몇 번이나 되풀이했고, 수아는 들을 때마다 고개를 끄덕였다. 마리가 안심할 수 있다면 밤이 새도록 고개를 끄덕일 기세였다. 그 모습을 보니 웃음이 터졌다. 바다 위로 마리의 밝은 웃음소리와 수아가 꼬리로 물 위를 찰박거리는 소리가 파도처럼 부서졌다.

그 후로 마리는 사람들 눈을 피해 몇 번이고 어둠 속을 걷고, 내달리고, 폴짝폴짝 뛰어 바닷가로 갔다. 그러면 언제 가더라도 기다렸다는 듯 수아가 손을 마구 흔들며 마리를 반겨 주었다. 마리는 신당에서 바닷가로 달려올 때보다 더 빠른 속도로 바다에 뛰어들었다.

처음 몇 번은 마리가 바다로 들어올 때마다 얼른

와서 잡아 주더니, 수아는 마리가 헤엄을 잘 친다는 걸 안 다음부터 장난을 쳤다. 앞에서 꼬리로 물을 튀기거나 뒤에서 마리의 발바닥을 간지럽히면서 말이다. 마리와 수아는 장난을 칠 때보다 서로의 손을 잡고 나란히 헤엄칠 때가 더 많았다. 수아의 등에 마리가 업힌 채로 이동하는 일도 종종 있었다. 피부가 맞닿는다는 게 얼마나 좋은 일인지 새삼 깨달았기 때문이다.

둘이 바위섬에 도착하면 마리는 바위섬에 앉아서 다정히 수아를 내려다봤고, 수아는 물속에서 반짝거리는 눈으로 마리를 올려다봤다. 턱을 두 손으로 받치고 반짝거리는 눈동자로 마리를 바라본다는 것은 마리가 하는 말을 잘 들을 준비가 되었다는 뜻이었다.

초반에 마리는 수아에게 단어를 알려 주었다. 수아는 목소리를 내지 않았으나 입술을 벙긋거리며 열심히 배웠다. 수업은 언제나 마리가 수아와 마리의 이름을 말하는 것으로 시작됐다. 다정하게, 나지막하게, 쾌활하게, 사랑스럽게. 수많은 마음을 담아 몇 번이고 달리 말하다 보면 수아가 마리를 실제로 부르고 있다는 착각이 들었다. 아무도 불러 주지 않는 이름을 수아가 다정하고 따스한 마음을 담아 부르고 있다는 그런 착각.

"이건 머리카락이에요. 이건 눈, 코, 입. 만져 보고 싶어요? 여기요. 이건 눈썹… 이건 눈… 여긴 코. 앗, 콧구멍에 손가락 넣지 마요. 입에 그 손 넣지 마요!"

사람의 모습이 신기한 건지, 신체 부위를 알려 줄 때마다 수아가 마리를 계속 만지는 통에 간지러워서 웃음이 끊이지 않았다. 수아는 특히 마리의 다리와 발을 제일 많이 만졌다. 너무 간지러워서 발을 빼려고 해도 말갛게 올려다보는 눈동자를 마주하면 입술을 꾹 깨물고 내줄 수밖에 없었다.

수아가 가느다란 손가락으로 맨다리를 매만지고 쓰다듬고 누르는 모습을 보면 마음 한구석이 간질거리고 얼굴이 자꾸만 붉어졌다. 실컷 만지고 나면 보답이라는 듯 제 꼬리를 내어 주는 것도 사랑스러웠다. 육지에 사는 부자들이 이런 느낌의 옷을 지어 입는다던데 수아 님의 비늘만은 못할 것 같았다. 비늘 하나하나를 덧그리듯 손가락으로 만지면 수아는 간지러운지 몸을 비틀면서 입을 크게 벌리고 소리 없이 웃었다.

그렇게 서로가 서로를 애정 어린 손길로 만지다 보면 시간이 훌쩍 지나갔다. 하루, 일주일, 한 달….

달이 찼다가 기울고, 바닷물이 성큼 다가왔다 물러나기를 반복하는 동안 서로를 매만지는 손길은 조금 더 섬세해지고 농밀해졌다. 때로는 입술과 입술이 맞닿기도 했다. 혹은 더 깊게. 처음 입술이 맞닿은 날에는 짭조름한 바닷물이 어찌나 달게 느껴지던지, 마리는 뭔가 잘못 먹어 자신의 혀에 이상이 생긴 줄 알았다. 그러나 곧 입술이 닿을 때마다 달게 느껴진다는 걸 알게 됐고, 몇 번이고 입을 맞대느라 입술이 퉁퉁 부어올랐다.

재와 물거품

오늘도 여느 때와 다름없이 서로의 이름을 부르고 듣고 입술을 맞대고 피부와 비늘을 매만졌다. 그러다가 수아가 마리의 손을 슬그머니 잡는 건 이제 이야기를 들려 달라는 신호였다. 마리는 단조로운 파도 소리에 맞춰 헐떡거리던 숨을 가다듬고 고개를 돌려 수아를 바라보았다. 수아에게도 마리에게도 이야기할 상대가 서로밖에 없었다. 수아는 입술을 벙긋거릴 수 있을 뿐이라 달이 가려진 밤에는 마리의 말을 듣기만 해야 했지만, 그것만으로도 충분했다.

다행히 오늘 밤에는 보름달이 떴다. 마리가 환한 달빛 아래 오동통하게 부풀어 오른 수아의 입술을 계속 바라보자 수아가 손으로 자기 입술을 재빨리 가렸다.

"이제 안 할게요."

그 말을 듣자 수아가 손을 내리고 환하게 웃었다. 마리는 수아의 손을 고쳐 잡으며 말했다.

"오늘은 어디를 돌아다녔어요? 솔섬? 풍어섬? 해가 뜨는 쪽? 거기서 낮잠 잤어요? 아니라고? 나 주려고 뭐 가져왔어요? 소라? 거북손? 다 아니에요? 혹시… 전복? 와! 진짜? 더 건강해지겠어요. 고마워요. 갈 때 챙겨 준다고? 하나? 두 개? 다섯 개나? 나 때문에 고생한 거 아니에요? 아니라고? 진짜? 고마우니까 입… 아하하, 농담이에요. 진짜. 정말 고마워요."

안 그래도 밤마다 나와서 수아와 함께 있으려니

잠이 부족해져 몸이 점점 축나던 참이었다. 낮에 틈틈이 잠을 자기는 했지만 밤에 자는 것만 못했다. 더욱이 혼자 살림을 꾸려야 하니 할 일이 많았다. 집을 수리해야 했고 나뭇가지를 주워 오거나 그걸로 부족하면 도끼질을 해서 장작을 만들어야 했다. 아궁이의 불씨가 꺼지지 않게 잘 돌보는 일 또한 소홀히 할 수 없었다. 불씨를 빌릴 옆집이 없으니 꺼지면 얻어 오는 것도 큰일이었다. 뿐만 아니라 옷을 수선해야 했고 나물도 뜯어서 말려야 했다.

한번은 산에서 마른 나뭇가지를 줍다 다리에 힘이 풀려 굴러떨어질 뻔하기도 했다. 축원을 바라는 이가 아무리 불러도 깨지 못할 만큼 깊이 잠들어 그 사람이 발걸음을 돌릴 수밖에 없었던 적도 있다.

이런 일이 몇 번이나 반복되자 마을 사람들의 시선이 점점 차가워졌다. 바다로 나간 사람들이 허탕을 친다면 바로 욕을 얻어먹고 쫄쫄 굶은 채 수아도 만나지 못하고 기도를 해야 할 게 분명해 정성을 다해 축원을 했다. 하지만 뱃사람들은 물고기를 잔뜩 잡고도 생선을 곧잘 부실하게 바쳤다. 축원을 정말 온 정성을 다해 드리는 게 맞느냐는 질문도 들었다. 밤마다 무얼 하기에 갓 태어난 병아리마냥 비실거리냐고 수군대는 건 약과였다. 혹시 사내 맛을 봐서 그런 건 아니냐는 말까지 심심찮게 들렸다.

무녀가 주어진 일을 다하려 안간힘을 쓰던 어느 날이었다. 축원을 받기 전 뱃사람 한 명이 대놓고 말했다.

재와 물거품

"무녀님. 사내놈이 필요하면 말하시오. 내가 밤에 아주 튼튼하다니까!"

"이 사람이 농담도. 시들시들한 자네보다야 내 아들이 낫지. 내 아들을 보내 드리오리까?"

"저기 서 있는 박 씨네 서방은 어떠시오? 마누라 가 애를 몇 번이나 배는 게 씨가 좋은 게 틀림없 다니까!"

"자자, 그만들 하시게. 첫 남자를 고를 권리는 무 녀님께 있으니!"

웃고 떠드는 모습을 아무 말 하지 않고 지켜보자 그들은 이내 잠잠해졌다. 여자들은 무녀에게 자신 의 남편을 뺏길까 고개를 돌린 채 사내들의 말을 애 써 못 들은 척하고 있었다. 그 꼴을 보고 있자니 울 화통이 터질 것만 같았다. 싸지르기 위해 허리춤을 움켜쥐는 것들은 필요 없었다. 사람들이, 특히 남자 들이 무녀의 권위를 우습게 알도록 하면 안 된다던 선대 무녀의 말이 떠올랐다.

"그만하겠습니다."

"축원은 다 하고 가야죠! 정말 신당에 남자 있는 거 아니오?"

"무녀님 처녀는 누가 떼 주려나. 신력이 약해지 기 전에 얼른 씨를 배야 하지 않겠소? 아, 이미 노 력 중이신가?"

배를 잡고 웃어 대는 사람들을 뒤로하고 신당으 로 돌아왔다. 무녀를 우습게 여긴 사람이 찾아올 수 도 있다는 생각에 잘 갈아 둔 낫을 움켜쥐고 방 안에 가만히 앉아 있었다. 선대 무녀에게 물려받아 끼고 있는 옥가락지와 낫이 부딪치는 소리가 잘게 울렸다. 다 죽어 버렸으면. 음절 하나하나에 마음을 담아 몇 번이고 중얼거렸다.

그날 저녁, 신당 밖에서 몇몇 사람들이 파르르 떨리는 목소리로 무녀를 불렀다.

"무녀님, 제발 용서해 주세요. 제 아들이 무녀님께 큰 잘못을 지었다고 들었습니다. 다 늙은 저에게 벌을 주시고 앞길 창창한 제 아들은 용서해 주세요. 아직 무녀님의 힘을 잘 몰라 입을 함부로 놀렸습니다. 제가 잘 가르치겠습니다."

"제 남편에게 다시는 그러지 말라고 아주 단단히 말해 두었습니다. 화를 거둬 주세요."

"제 아비가 잘못했다는 것 압니다. 그런데 먹여 살려야 할 갓난아기가 있어요. 제발 용서해 주세요."

신당 바깥으로부터 제발 부탁드린다는 말이 끊임없이 흘러들어 왔다. 낫을 너무 꽉 쥐고 있느라 손가락 마디마디가 쑤셨지만, 안심이 되지 않아 내려놓을 수가 없었다. 무녀는 낫을 등 뒤로 숨긴 채 문밖으로 나섰다.

아침에 무녀를 희롱하던 이들의 어머니, 아내, 딸들이 신당 앞에 몰려와 무릎을 꿇은 채 손이 발이 되도록 싹싹 빌고 있었다. 바다에 나갔는데 그물이 끊어져 잡은 고기를 놓친 이도 있고, 독 있는 물고기를 건드렸는지 온몸이 퉁퉁 부은 이도 있고, 뭘 잘못 먹었는지 배탈이 나 꿍꿍 앓는 이도 있다고 했다. 다들 잡은 물고기 하나 없이 성하지도 못한 몸으로 돌아왔다는 것이다.

이야기를 들으며 손안에 있는 옥가락지를 매만졌다. 죽어 버리라고 빌었기 때문에 이런 일이 생긴 걸까. 정작 와서 빌어야 할 남자들은, 옆에서 동조하며 낄낄거렸던 남자들은 한 명도 오지 않았다. 무녀는 통쾌함과 죄책감 사이에 서서 무릎을 꿇고 비는 여자들을 바라보았다.

"3일 뒤에 다시 축원을 올리겠습니다. 각자 정성을 다하여 음식을 마련하세요."

"감사합니다. 정말 감사합니다!"

"저도 그동안 몸과 마음을 다시 가다듬겠으니 그때까지 찾아오지 마세요."

"네, 네 그럼요. 그럼 3일 뒤에 잘 부탁드리겠습니다."

모두가 떠난 신당 주변은 조용했다. 다그르르 자갈이 파도에 부딪치는 소리가 모난 마음을 가라앉게 했다. 먼 곳까지 둘러보아도 사람은 보이지 않았다. 억세게 쥐고 있던 낫을 마당에 던져두고 한달음에 바다로 달려갔다.

"수아 님!"

이름을 부르자 수아가 저 멀리서 손을 올려 반갑게 흔들었다. 마리는 바로 바닷속으로 들어가 수아를 향해 나아갔다. 아직은 바닷물이 차갑게 느껴졌다. 숨이 부족해 물 밖으로 머리를 내밀자 속눈썹에 맺힌 물방울이 볼을 타고 흘러내렸다. 다시 눈을 감았다 뜨니 어느새 수아가 눈앞에 와 있었다. 그대로 자연스럽게 눈을 감자 입술과 입술이 맞닿았다. 마리는 계속 눈을 감은 채 이대로 있고 싶었다. 오랫동안, 혹은 영원히.

그러나 입술은 떨어졌고, 마리는 수아의 손에 이끌려 바위섬에 도달했다. 수아가 마리의 몸을 손가락으로 몇 번 두드리자 온몸이 보송보송하게 말랐다. 오늘 무슨 일이 있었는지 토로하고 싶기도 했고, 수아가 아무것도 모른 채 웃어 줬으면 싶기도 했다. 가족을 위해 비는 여자들의 울음소리가 계속 들리는 것 같았다.

"내가 축원해 준 이들이 물고기를 많이 잡을 수 있게 도와줄 수 있어요?"

수아가 마리의 머리를 잡아당겼다. 당기는 힘을 따라 고개를 내리니 수아가 먼저 입을 맞췄다. 마리는 수아의 목을 끌어안고 몸을 기울였다. 마리와 수아는 부드럽게 바닷속으로 들어가 숨결을 나누고 손을 잡은 채로 자유롭게 헤엄쳤다. 마리의 숨이 부족해질 때면 수아가 숨을 나눠 주었고, 마리가 몸을 떨면 수아가 꼭 끌어안아 주었다.

마리에게는 누군가의 품에 안겨 본 기억이 없었는데, 수아의 품에 원 없이 안겨 있으니 행복했다. 수아를 만나기 위해서 지금까지 외로워야만 했던 거라면 그 정도는 당연히 감당할 수 있었다. 수아를 만나기 위해서라면, 더 어려운 일도 참고 견뎌 낼

재와 물거품

수 있었다. 수아만 있다면.

몇 년이 흘렀다. 그동안 섬사람들은 수아의 도움
으로 배에 한가득 물고기를 잡아 왔다. 남는 물고기
를 염장해 육지에 내다 팔게 되면서 사람들의 생활
은 점점 나아졌다. 무녀의 축원을 받고 무사고에 만
선으로 돌아올 때면 감사한 마음을 품다가도, 자신
들이 애써서 잡은 물고기를 보면 무녀가 한 게 뭐가
있냐는 생각에 푸대접하기를 여러 번. 사람들은 점
점 무녀를 하찮고 식량만 축내는 존재라고 생각하
게 되었다.

다시 여름이 오고 있었다. 섬에 있는 나무의 대부
분은 사시사철 푸른 소나무라 풍경으로 계절이 바
뀌는 걸 체감하지는 못했지만, 햇볕이 점점 더 뜨거
워지고 있었다. 올해 들어 비가 자주 오는 탓에 바
다로 나가지 못하는 날이 많아져 섬사람들은 걱정
스러운 눈빛으로 하늘을 바라보았다. 날이 맑아 바
다로 나갔다가 갑작스럽게 내리는 거센 소나기로
인해 허겁지겁 돌아오는 일이 잦았다.

다행히 봄철에 잡아 말려 놓은 생선들이 많아 아
직은 먹을 것이 떨어지지 않았으나 올여름 내내 이
렇게 비가 자주 온다면 큰일이 날 터였다. 멋모르는
아이들만 바다로 우르르 몰려가 헤엄치다가 깔깔
거리며 빗물로 몸을 닦았다.

비가 와 사람들이 바다로 나가지 못하는 건 걱정
되었으나, 마리는 내심 비가 오기를 바랐다. 비가

오면 사람들이 배를 타고 나갈 수가 없으니 마리가 축원을 할 필요도 없었다. 게다가 종일 사람들이 돌아다니지 않아 낮에도 수아를 만날 수 있었다. 비가 오다가 그치고 해가 날 때면, 빛 아래 있는 수아가 어찌나 아름다운지. 달 아래 모습과는 다른 분위기라 또다시 반하고야 말았다.

물론 비가 오는 날에도 무녀에게는 할 일이 있었다. 나무를 깎아 물고기와 닭 조각을 만들어야 했다. 자갈을 고르고 골라 제일 동그란 걸 찾아 모아 둬야 했고, 비가 와서 물이 넘쳐 나는 김에 매끄러운 솔잎을 잘 씻어서 쪄야 했다. 올여름에 태풍이 오지 않게 해 달라고 하늘에 청을 드릴 준비를 미리 하는 것이다. 자갈 고르는 일이야 밤에 수아와 놀이처럼 하면 되지만, 물고기와 닭 조각은 해가 있을 때 깎아야 해서 잠이 늘 부족했다.

오늘도 마당에 나와 졸면서 물고기를 깎고 있는데 갑자기 사방이 어두워지면서 빗방울이 거세게 떨어졌다. 발밑에 널브러진 조각들이 젖을까 봐 허둥지둥 바구니 안에 넣고 집 안으로 들어갔다. 비가 너무 자주 오고 있었다.

창문을 연 채 비 오는 바다를 바라보는데 사람 키를 훌쩍 넘을 듯한 파도가 몸을 일으킨 채 섬을 향해 다가오고 있었다. 태풍이 오는 듯했다. 살면서 처음 보는 광경에 몸이 굳어 버렸다. 중요한 물건만 챙겨 산 위로 피해야 할 것 같았다. 그러면 수아는? 수아는 무사할까? 바위섬으로 시선을 돌리니 무언가가 섬과 바다 사이에서 위태롭게 반짝이고 있었다.

마리는 저도 모르게 바다로 달려갔다. 빗줄기가 온몸을 때릴 듯 거세다는 것도, 아무리 수영을 잘한들 풍랑이 심한 바다에 들어가면 죽을 수 있다는 것도 신경 쓰지 않았다. 마리의 머릿속은 오로지 수아에 대한 생각으로 가득했다.

파도가 심해 바다로 들어가기가 쉽지 않았다. 한 걸음 내디디면 두 걸음 밀려났다. 치맛자락이 두 다리를 휘감는 통에 걷기조차 버거웠다. 마리는 망설임 없이 치마를 벗었다. 달라붙는 옷자락을 떼어 내느라 힘들었지만, 결국 벗어 바닥에 패대기쳤다. 그러고는 이를 악물고 바닷속으로 성큼성큼 들어갔다.

비가 너무 많이 와서 앞이 잘 보이지 않았지만, 마리는 눈을 감고도 수아를 찾아갈 수 있을 것 같았다. 파도에 몇 번이나 밀려난 끝에 아예 수면 아래로 잠수했다. 평소에는 바닥까지 훤히 드러내던 맑은 바닷물이 흙탕물로 변해 있었다. 그래도 수면 위에서 비바람에 휩쓸릴 때보다는 앞으로 가기가 수월해서 있는 힘껏 팔을 뻗고 발을 움직였다.

자맥질하며 앞으로 나아가는데 손 하나가 불쑥 나타나 마리의 손을 잡았다. 수아의 비늘은 흙탕물 속에서도 빛이 났다. 마리가 무사한 수아의 모습에 안심하자 수아가 입을 맞추며 숨을 나눠 주었다.

마리는 수아의 손에 이끌려 바다의 밑바닥에 도달했다. 태풍이 몰아친다는 걸 알 수 없을 정도로 고요하고 평화로웠다. 수아는 줄곧 이곳에서 지냈던 걸까? 주위를 둘러보는 사이 수아가 마리의 온몸을 더듬거렸다. 아픈 줄도 몰랐는데 뾰족한 것에 찍히고 긁혀 피가 흐르고 있었다. 수아는 울상을 지은 채 마리의 상처를 어루만졌다. 자신을 걱정해서 어쩔 줄 몰라 하는 수아를 보니 목이 메어 왔다.

수아가 마리의 오른쪽 발을 잡고 피가 나는 곳에 입을 맞췄다. 발등, 발목은 물론이고 속바지를 벗겨 종아리, 무릎, 허벅지까지 빠짐없이 훑었다. 입을 맞춘 자리마다 피가 멎고 상처가 아물었다. 마리의 몸 구석구석, 수아의 입술이 닿지 않는 곳이 없었다.

입술은 멀쩡한데도 제일 오랫동안 입을 맞추는 통에 웃음이 절로 나왔다. 킥킥거리며 웃고 있으니 마리에게 숨이 부족하다고 여겼는지 수아가 숨을 나눠 주었다. 그런데 왜 이렇게 허리 쪽이 짜릿하고 몸이 타오르는 것 같은지 모르겠다. 꺼지지 않는 불을 삼킨 듯해 서늘한 체온을 가진 수아를 계속 끌어당겼다. 두려움으로 몸이 식으면 젖은 옷자락 사이로 손길이 들어와 다시 열이 올랐다. 너무 뜨거워 터질 것 같아 감았던 눈을 뜨면, 수아가 몇 번이고 입을 맞추고 눈을 맞추며 함께 있음을 상기시켜 주었다. 수아로 인해 타올랐으니, 오직 수아만이 이 불을 잠재울 수 있었다.

수아와 마리는 휘몰아치는 태풍으로부터 멀리 떨어진 고요함 속에서 서로를 끌어안으며 입술에,

목에, 가슴에… 몇 번이고 입 맞추고 또 입 맞췄다.

바깥이 잠잠해진 것 같아 수면 위로 올라갔다. 비구름이 빠르게 온 만큼 빠르게 지나간 건지, 반짝거리는 별들이 구름 한 점 없는 하늘을 가득 채우고 있었다. 태풍이 길게 머무르지 않아 다행이라고 생각한 마리는 섬에 문제가 생기진 않았을지 걱정되어 시선을 돌렸다. 달이 없는 밤이라 깜깜해서 잘 보이지는 않지만, 마을 쪽에 모여 있는 불꽃이 거칠게 움직이고 있었다. 그저 바라보기만 했는데도 심장이 두근거리고 피가 식는 것 같았다. 잡은 손이 차가워진 걸 느꼈는지, 수아가 손바닥에 글자를 썼다. '왜?'

"태풍을 막지 못했다고 사람들이 나한테 몰려올 것 같아요. 신력이 더 떨어지기 전에 애를 낳으라고 하면 어쩌죠? 아비가 누군지도 모르는 자식은 낳고 싶지 않아요, 원치 않는 사람과 살 맞대기 싫어! 나는, 선대 무녀처럼, 그렇게 살고 싶지는 않아요. 수아만 있으면 돼요. 아무것도 필요 없어요. 우리 도망가요. 다른 섬으로 도망가서, 아무도 없는 섬으로 가서 우리 둘이 살아요, 네?"

눈물이 터져 나왔다. 마리가 나이를 먹을수록, 마리의 몸이 자랄수록 주변의 시선은 점점 끈적해졌다. 무녀의 일을 제대로 하지 못하면 후계를 만들어야 한다는 압박을 받기 때문에 지금까지 이를 악물고 일했다. 일을 잘하면 나이를 먹어서도 계속 무녀 일을 할 수 있었다. 그렇게 지내다가 괜찮은 아이를 데려다 후계로 삼고 싶었다. 원치 않는 방법으로 후계를 만들어야 하는 전통은 자신의 대에서 끊고 싶었다. 책 잡힐 일을 만들지 않기 위해 그토록 노력했는데. 태풍이 오는 걸 어찌 인간이 막을 수가 있을까.

수아는 하염없이 흐르는 눈물을 손가락으로 닦아 주고 눈가에 입을 맞춰 주었다. 그래도 눈물이 멈추지 않았다. 당장 도망가야 할 것만 같았다. 지금이라도 훌쩍 떠나고 싶은데 옥가락지가 보이지 않았다. 하나 남은 선대 무녀… 엄마의 흔적.

"수아 님, 아까 제가 여기 왔을 때 제 손에 옥가락지가 있었어요? 모르겠어요? 집에 흘렸는지 얼른 살펴보고 올게요."

수아가 고개를 끄덕였다. 마리는 수아의 목을 끌어안고 고맙다고, 우리 둘이 행복하게 살자고 흐느끼며 속삭였다.

얼른 가서 돈이 될 만한 패물들과 옷가지만 챙기면 될 터였다. 정말 아무도 살지 않는 무인도로 가게 될지, 다른 섬으로 가게 될지, 그도 아니면 뭍으로 가게 될지 모르겠지만 여기만 아니면 어디든 괜찮을 것 같았다. 바다를 벗어난 발이 땅에 닿았다.

"금방 돌아올게요."

수아에게 입 맞추고 자갈 위를 달렸다. 다그르르 소리가 너무 크게 들리는 것만 같아 심장이 쿵쾅거렸다. 예전에는 신당과 마을이 너무 멀리 떨어져 있

재와 물거품

어 마을에 속하지 못하는 것 같아 외롭기만 했는데, 지금은 그래서 다행이라는 생각이 들었다. 서둘러 신당으로 달려가는데 일렁거리는 불빛이 나무들 사이로 새어 나오는 게 보였다. 잠시 망설이다 그대로 뒤돌아 가려 했지만 이미 늦어 버렸다. 나무 뒤에 숨어 있던 사람들이 나와서 마리를 에워쌌다.

"어디 갔다 지금 오는 거냐? 요괴를 만나고 오는 거지? 맞지?"

마리를 볼 때마다 얼른 씨를 받으라고 성화였던 노인이 신당 안에서 나오며 말했다. 그 뒤로 횃불을 든 사람들이 서 있었다. 어린아이를 제외한 마을 사람 대부분이 모여 있는 것 같았다. 횃불이 일렁거릴 때마다 노인의 얼굴이 사납게 일그러졌다.

"요괴에 홀려 제 할 일을 내던진 무녀야, 할 말이 있느냐?"
"도대체 무슨 말을 하는 건지 모르겠네요."

태연하게 말하려고 했지만 입술이 파르르 떨렸다. 도망갈 틈이 없을까. 시선을 돌려 보니 얼마 전에 크게 앓아 비실거리던 사람이 보였다. 마리는 속으로 사과하며 그 사람을 치고 바다 쪽으로 달려갔다. 그러나 마을에는 마리보다 훨씬 체구가 크고 건장한 뱃사람들이 많았다. 얼마 가지도 못했는데 단번에 머리채를 잡혀 바닥으로 내던져지고 말았다.

"이거 놔!"
"어딜 도망가려고! 네 업을 씻어야지! 네년이 제대로 기원을 드리지 않는 바람에 온 마을이 쑥대

밭이 됐단 말이다!"

"태풍이 온 게 왜 내 탓이야? 누가 무녀로 태어나고 싶었대? 안 해! 놓으라고!"

"무녀가 어떻게 그런 말을 해! 요괴에게 단단히 홀렸군."

"수아 님은 요괴가 아니야!"

"가망이 없어. 안 되겠다. 안타깝지만 방법은 하나뿐이다. 바다님과 하늘님께 제물로 바쳐야겠어. 묶어라."

"그냥 이대로 자빠뜨려 애를 배게 하는 건 어떨까요?"

자신의 몸을 훑는 남자의 시선이 일렁이는 어둠 속에서도 선명하게 느껴졌다.

"놔, 싫어, 뭐 하는 거야!"

"땅이 썩었는데 어찌 좋은 싹이 나올까."

"그럼 이제 기원은 어떻게 드리지요?"

"저 계집을 태워서 얻은 재를 마신 임부가 아기를 무사히 낳으면 그 아기가 다음 대 무녀가 된다. 마침 애를 배고 있는 이가 둘이나 있으니 둘 다에게 먹여 보면 되겠지. 걱정 말거라."

"웃기지 마, 이렇게는 못 죽어, 안 죽어."

"이렇게라도 남은 이들에게 사죄할 수 있으니 다행이 아니냐. 죽어서도 반성해라."

힘껏 발버둥을 쳤으나 뺨을 한 대 얻어맞은 뒤부터는 머리가 빙빙 돌아 정신을 차릴 수가 없었다. 남자 두 명에게 팔을 한쪽씩 잡힌 채 질질 끌려

재와 물거품

갔다. 며칠마다 한 번씩 물을 채워 놓았던 물 항아리도, 작게 가꾸었던 텃밭도 태풍으로 인해 모두 엉망이 되어 있었다. 정말 이 모든 게 내 탓이란 말인가?

무녀를 태우기 위해 마련한 장작이 바닷가를 배경으로 높게 쌓여 있었다. 싫다고 발버둥을 쳤다가 머리를 한 대 더 맞았다. 귓가에 들리는 말소리가 커졌다 작아지더니 이명이 들렸다. 삐이이이이. 귀를 찢는 듯한 날카로운 소리 너머로 철썩거리는 파도 소리가 들렸다. 다그르르르 자갈이 짓밟히고 굴러가는 소리가 너무 커서 어지러웠다.

무녀는 장대에 단단히 묶였다. 움직일 수 있는 것이라고는 얼굴과 손가락, 발가락뿐이었다. 하늘을 바라보니 어느새 먹구름이 다시 끼었는지 별 하나 없이 어두컴컴하기만 했다. 수아, 수아 님이 기다릴 텐데…. 금방 돌아오겠다고 했는데….

인간이 아무리 간절히 기도를 드리고 온 정성을 다해 상을 차려 올려도 바다는 성이 난 것처럼 파도를 휘두르고, 하늘은 눈 깜짝할 사이에 비구름을 몰고 와 섬을 바다 밑으로 가라앉힐 듯 비를 뿌리는데. 무녀가 얼마나 대단한 존재라고 모든 책임을 돌리는 걸까. 얼마나 많은 무녀가 이리 허망하게 죽었을까.

"요괴와 무녀가 서로 죽고 못 사는 사이인 게 맞겠지?"

"그럼요. 제가 두 눈으로 봤습니다."

"그것을 잡아 나라의 녹을 먹는 분께 진상하면 큰 상을 내리겠지. 높으신 분들은 신기한 걸 좋아하지 않느냐."

정신이 흐려지는 중에도 요괴라는 말이 들렸다. 마리는 가까스로 목소리를 냈다.

"안 돼! 수아 님은 요괴가 아니야. 그동안 바다가 잔잔했고 물고기가 많이 잡혔던 게 누구 덕분인데 그런 헛소리를 하는 거야…!"

"… 정말 요괴에게 단단히 홀렸군. 요괴야! 네가 아끼는 사람이 죽는다! 구하러 와야지!"

"수아 님! 도망가요! 오지 마! 절대 오지 마!"

"불을 붙여라."

장작에 기름을 먹였는지 불이 빠르게 타올랐다. 마리는 점점 커지는 불꽃에도 아랑곳하지 않고 수아를 향해 도망가라고, 다시는 이 섬 근처에 오지도 말라고 소리를 질렀다. 지금 자신이 소리를 지르고 있는 게 맞는 걸까. 자신의 목소리가 바다에 있는 수아에게 닿기는 할까. 발이 뜨거워서 미칠 것만 같고, 열기 때문에 눈이 타들어 가는 것만 같았다. 그러나 눈을 감을 수가 없었다. 수아가 잡히지는 않았는지, 무사히 도망갔는지 알지 못한다면 죽어서도 고통스러울 것 같았다.

다그르르 다그르르 자갈 밟는 소리가 계속 이어졌다. 작살을 든 남자 두 명이 바닷가 자갈 위를 이리저리 돌아다니고 있었다.

"횃불을 가져와!"

재와 물거품

노인의 옆에 있던 남자가 넘겨받은 횃불을 들고 바닷가로 내려갔다. 사람들은 수아를 발견하지 못했지만, 마리는 해가 없어도 달이 없어도 수아가 어디 있는지 알 수 있었다. 그렇게 도망가라고 외쳤는데 점점 더 가까이 오니 미칠 지경이었다.

"도망가! 가라고!"

연기가 진동해 계속 기침이 나왔지만 말을 멈출 수가 없었다. 제발, 제발 수아가 살아남기를. 바다님이시여, 당신의 품에서 태어난 존재를 가엾이 여기어 인간들의 손에서 벗어나게 해 주세요. 제발, 제발. 상서롭고 어여쁜 존재가 스러지지 않게 해 주세요. 이 목숨을 드릴 테니, 수아만큼은, 제발….

"작살을 내리쳐! 맞았나?"
"맞았어! 어디로 간 거야?"

마─리──

너무 고통스러운 탓일까, 오히려 고통이 느껴지지 않았다. 죽기 전에 들리는 환청인가? 수아가 자신의 이름을 부르는 것 같았다. 마리라고 외치는 목소리에는 애통함이 넘쳐흐르고 있었다.

다정함과 애정을 담아 내 이름을 불러 줘요. 나의 수아, 내 이름을 불러 주는 유일한 존재인 수아 님, 울지 말고 도망가세요. 당신을 살릴 수만 있다면 난 뭐든지 할 수 있어.

"도망갔다! 작살로 찍었으니 멀리 가지는 못했을 거야. 찾아!"

"내가 수아 님을 지켜 드릴게요. 사랑해요. 사랑해, 수아야…."

마리의 나지막한 목소리는 장작이 타들어 가는 불규칙한 소리와 일정한 박자로 밀려오는 파도 소리에 삼켜졌다. 갑자기 마른하늘이 하얗게 번쩍거리더니 이내 벼락이 마리를 향해 내려왔다. 한 번 내리꽂힐 때마다 마리를 감싸고 있던 불꽃이 하늘을 찌를 듯 활활 타올랐다.

사람들은 상상도 하지 못한 광경에 비명을 지르며 뒷걸음질 쳤다. 그러나 문제는 벼락만이 아니었다. 저렇게 내리치는 벼락을 불 속에서 맞으면 분명 죽어야 하는데… 왜 아직도 우리와 시선이 마주치는 거지?

어느새 장대에서 풀려난 마리가 팔을 휘두르자 작은 불꽃이 작살을 휘두르던 남자를 향해 날아갔다. 남자의 머리카락에 옮겨붙은 불꽃은 불티를 날리며 살아 있는 뱀처럼 남자의 몸을 휘감더니 한순간에 크게 타올라 남자를 집어삼켰다.

"요, 요괴다! 무녀가 요괴가 되었다!"

화려하게 흩날리는 불꽃이 마리의 몸을 옷처럼 감싸고 있었다. 살아 있는 듯 휘몰아치는 불꽃은 시시각각 기묘한 문양을 만들었다. 날카로운 매의 눈 같기도 했고, 이미 죽은 지 오래인 생선 눈알 같기도 했다. 소용돌이치는 태풍과 사람을 잡아먹을 듯한 파도를 연상케 하는 무늬를 보는 것만으로도 사람들의 온몸이 뻣뻣하게 굳었다.

재와 물거품

마리는 눈물 자국이 선명한 얼굴에 귀기 어린 표정을 띄우며 타오르는 장작 위에서 천천히 내려왔다. 모든 한을 담은 듯 무거우면서도 거리낄 것이 없다는 듯 가벼운 몸짓이었다. 마리가 움직일 때마다 주변에서 불꽃이 파도치듯 너울거렸다. 손을 들어 나붓하게 휘젓자 살아 있는 불꽃이 사람들에게 옮겨붙었다.

마리의 발걸음은 바람처럼 가볍고 벼락처럼 매서웠다. 불꽃을 온몸에 두르고 파도의 박자를 따라 춤을 추듯 움직였다. 그 움직임은 짝 잃은 새가 넋 놓고 우는 듯 애달팠고, 망망대해 위에서 죽어 지상을 떠돌게 된 영혼을 위로하는 것처럼 상냥했다.

사람들은 불이 자신의 몸을 잡아먹는 것도 모른 채 넋을 놓고 마리를 바라보았다. 불은 신당에 있던 사람들을 잡아먹으며 점점 커졌다. 바닷가에 있던 사람들은 태양이 내려앉은 듯한 불이 코앞에 다가오는 걸 보고 혼비백산하여 바닷속으로 들어갔다. 빙 돌아 헤엄쳐 마을로 돌아오려고 했으나 기다란 해초에 온몸이 칭칭 감긴 것처럼 물속으로 가라앉아 숨만 보글보글 빠져나갔다.

사람들이 타오르고, 아래로 가라앉고 있을 때 마리는 바닥에 무릎을 꿇고 두 손을 모아 기도했다. 정말로 무녀를 태워서 얻은 재에 힘이 있다면….

"무녀인 저와 제물들을 함께 보내니 수아를 무사히 살려 주세요. 그것이 저의 마지막 소원입니다."

눈물조차 흐르지 못한 채 끓어올랐고, 너울거리

는 열기 속에 모든 것이 타오르더니 이내 재만 남고 말았다.

살아남은 사람이 아무도 없는 곳에서, 옥가락지만 달빛을 받아 빛나고 있었다.

2.

지금이 언제인지, 그날 이후 상황이 어떻게 흘러갔는지 수아는 알 수 없었다. 바다는 무슨 일이 있었냐는 듯 언제나처럼 고요하거나 거칠었으니까.

수아는 마리가 살던 섬 안쪽을 바라봤다. 금방이라도 마리가 수아 님이라 부르며 달려올 것 같아서, 마주 달려가려고 계속 걷고 뛰는 연습을 했다.

오늘도 맨발로 천천히 걷고 있었다. 쏴아아 몰려오는 파도 소리 사이로 다각다닥거리는 자갈 밟는 소리가 귀엽게 들렸다. 햇빛은 따사롭고 바람은 시원했다. 이마를 적신 땀을 식히려 가만히 서서 바다를 바라봤다. 눈을 제대로 뜰 수 없을 정도로 해수면이 반짝거리고 있었다. 순간 강한 바람이 불어와 머리카락이 나부꼈다. 손으로 머리를 쓸어 넘기고 다시 따끈따끈한 자갈 위를 걸었다.

자갈 바닥에 반짝이는 무언가가 있어 가까이 가서 보니 투명한 초록색 돌이었다. 모난 곳 하나 없이 동글동글했다. 돌을 엄지와 검지로 잡고 햇빛에 비추어 보니, 이 안에 햇빛 조각이 담겨 있는 것처럼 빛났다. 이런 돌은 처음 보는데, 누가 버리고 갔나? 예쁜 걸 보니 마리가 생각났다. 마리도 이런 건 보지 못했겠지? 잘 간직하고 있다가 마리가 오면 선물로 주려고 손에 꽉 쥐었다.

다시 바람이 불어와 머리카락에 눈앞이 가려졌다. 머리카락을 쓸어내리며 고개를 돌렸는데 시야 안으로 한 사람이 들어왔다. 그 사람을 본 순간 저도 모르게 달렸다.

치맛자락이 다리에 뒤엉켰으나 힘차게 뛰는 수아를 막을 수는 없었다. 수아는 울고 웃으며 마리를 껴안았다. 따뜻한 체온이 품 안에서 느껴졌다. 왜 이제야 왔냐고 원망하는 마음은 들지 않았다. 기다리면 올 줄 알았다. 기다리고 기다리다 보면, 드디어 왔노라고 안아 주고 입을 맞춰 주리라는 걸 알았다. 마리의 팔이 자신을 마주 안아 주길 기다리는데, 거칠게 몸이 밀쳐졌다.

"뭐 하는 짓이야?"

처음 듣는 목소리였다. 마리는, 나의 마리는 내게 이렇게 말할 리가 없는데…. 아연한 마음에 뒷걸음질을 쳤다. 눈앞에 있는 마리는 자신의 마리였으나 마리가 아닌 것 같았다. 장난을 치는 걸까? 애써 웃어 보았지만 마리는 여전히 냉랭했다.

"너 뭐야?"

마리가 자신을 모른다. 목구멍이 막혀 와 숨을 쉴 수가 없었다. 인간은 숨을 쉬지 못하면 죽을 것 같다는 느낌을 받는다는 걸, 이런 충격만으로도 죽을 수 있다는 걸 처음 알게 되었다. 바다로 돌아가면 괜찮아질 거라는 걸 아는데도 다리가 움직이지 않았다. 손을 들어 목을 긁어내려도 숨이 제대로 쉬어지지 않았다.

처음으로 마리의 이름을 부를 수 있게 됐을 때와는 반대의 상황이었다. 그때는 무언가 토해 내지 않으면 죽을 것만 같았다. 마리의 콧구멍을 통해 들락날락하는 바람이 귀엽다고만 생각했었는데, 기어코 마리처럼 숨을 쉬며 마리의 이름을 부르게 되자 가슴이 찢어지는 것만 같은 고통이 느껴졌다. 그러나 도망가라는 마리의 목소리를 듣는 게 더 고통스러웠다. 마리에게 가지도 못하고 정신을 잃은 자신이 얼마나 원망스럽고 미웠는지 모른다.

그래서 열심히 연습했는데, 마리의 이름을 부르고, 마리에게 달려갈 수 있도록 매일매일 연습했는데… 정작 마리의 앞에 다시 서니 숨이 잘 쉬어지지 않았다. 가슴께에 박힌 무언가는 속으로 내리누를 수도 밖으로 꺼낼 수도 없었다. 마리, 마리, 나의 마리. 나를 보고 웃어 줘.

눈을 떠 보니 바닷가에 누워 있었다. 아까에 비해 해가 별로 움직이지 않은 걸 봐서는 시간이 얼마 지나지 않은 것 같았다. 가까이에 손가락 위에서 불꽃을 일으켜 담배에 불을 붙이는 마리가 있었다.

담배 끝에서 흘러나온 연기가 수아에게 도달했다. 처음 맡아 보는 냄새에 기침이 절로 나왔다. 마리의 손가락에서는 여전히 불꽃이 일렁이고 있었다.

재와 물거품

"안 놀라네?"

손가락만 한 작은 불꽃이 마리의 검지에서 중지로, 약지로 이리저리 뛰어다녔다. 마리가 손을 펴자 손바닥보다 더 큰 불꽃이 생겼다. 그 불꽃을 보고 있자니 거대한 불꽃 속에서 들리던, 영영 잊을 수 없는 마리의 목소리가 생각났다. 수아는 무심히 서 있는 마리를 바라보았다. 낯선 모습에 작살에 찔렸을 때보다 더 아팠지만, 기억을 잃었어도 마리는 마리였다. 마리는 놀라지 않는 수아를 보고 혀를 차더니 손을 털어 불꽃을 없앴다.

"나 알아?"

마리는 대답이 필요 없다는 듯 그 말만 하고 몸을 돌려 걸었다. 등을 돌린 마리를 보고 눈물을 흘리던 수아는 마리가 점점 멀어지자 재빨리 일어나 그 뒤를 따라갔다. 온몸에 힘이 들어가지 않았지만 마리를 놓칠 수 없었다. 도대체 무슨 일이 있었길래 마리가 불을 다루는 걸까. 그날 의식을 잃지 말았어야 했는데….

"마리…."
"언제까지 따라올 거야?"
"영원히."
"영원히? 내가 따라오지 말라고 해도?"
"응."
"영원이라…. 그래, 좋아. 가자."

바닷가에 산책하러 가자는 듯 가벼운 어조였다. 바다에서는 자신이 먼저 마리에게 손을 내밀었는데, 물 밖에서는 마리가 먼저 손을 내민다. 홀린 듯이 그 손을 마주 잡고 주춤주춤 따라 걸었다.

수아는 섬과 섬에 사는 사람들을 지켜야 했으나, 사람들은 이제 바다에 기원을 드리지 않았다. 오로지 무녀 마리만이 바다를 향해 기원했고, 섬이 평온하기를 바랐다. 수아는 이내 보폭을 크게 해 마리의 옆에서 걸었다. 어깨가 살짝 맞닿고 손가락이 얽혔다. 다시는 놓고 싶지 않았다. 다시는.

수아는 섬 근처를 벗어난 적이 단 한 번도 없었다. 그 때문에 육지에 처음 도착했을 때는 깜짝 놀라고 말았다. 밤하늘의 별이 땅에 내려온 것처럼 사방이 빛났다. 꿈에 나올 법한 신기한 광경은 마음에 들었지만 너무 소란스러웠고 생소한 냄새가 공기 중에 가득했다. 처음 보는 것들이 많아 재미있었으나 사람이 너무 많아 답답했다. 마리의 옆에 필사적으로 달라붙어 머리카락으로 얼굴을 가린 채 걸으면서 거리를 힐끔힐끔 바라보았다. 눈을 뗄 수 없었다. 세상이 이렇게 넓었구나.

이런 세상에서 마리도 즐겁게 행복하게 사는 줄 알았다. 마리의 집은 컸으나 황량했다. 집 안에는 침대, 식탁, 의자 말고는 눈에 띄는 물건이 없었다. 이런 곳에서 살면 외롭지 않냐고 묻고 싶었지만, 아무 말도 하지 않고 마리의 손등을 부드럽게 쓸어 주었다.

마리와 함께 사는 건 행복했다. 예전에는 같이 있

는 시간에도 대체로 수아는 물속에, 마리는 물 밖에 있어야 했다. 마리가 사람들의 눈을 피해 밤에 몰래 바위섬에 와서 잠을 자면, 수아는 마리의 발과 다리를 어루만지며 마리가 푹 자고 얼른 깨어나 자신을 바라봐 주길 기다려야 했다.

그러나 이제는 같이 살고 있었다. 마리는 때때로 아침에 나가 밤늦게 돌아왔지만, 마리와 음식을 나눠 먹고 침대에 누운 마리의 옆에 살며시 몸을 눕히는 것만으로도 수아는 충분히 행복했다.

눈을 감았다 뜨면 느른한 햇살이 내리쬐고 먼지가 별처럼 반짝거리며 허공을 유영하는 것을 볼 수 있는데 수아에게는 그것조차도 좋았다. 제일 좋은 건 물 밖에서 언제든지 마리와 함께할 수 있다는 점이었다. 침대에 누운 채 고개를 돌려 잠든 마리를 보니 저절로 웃음이 새어 나왔다. 눈이 부신지 인상을 쓰고 있는 마리의 눈가 위로 손 그늘을 만들어 주자 인상이 서서히 사랑스럽게 펴졌고 얼굴에 평온함이 감돌았다. 마치 예전의 마리 같았다. 시간이 흐르면 마리가 깜박거리며 천천히 눈을 뜰 터였다. 그 모습을 상상만 해도 눈물이 나올 정도로 행복했다.

그러나 어느 날부터 마리의 외출 시간이 점점 길어졌다. 긴 시간을 혼자 보내는 수아를 불쌍히 여겼는지 마리는 거실에 커다란 TV와 소파를 들였다. 이런 거 말고 마리와 있는 게 더 좋다고 말하고 싶었으나, 마리와 대화할 시간이 없었다.

소파는 배달원이 거실에 두기만 하면 되었는데 TV는 누군가가 설치해야 했다. 수아는 땀을 뻘뻘 흘리며 설치하는 사람이 안쓰러워 창문을 활짝 열고 찬물과 시원한 음료수를 줬다. 상대방의 얼굴이 너무 빨개 어디 아픈가 걱정이 되어 이마에 손을 올리고 약하게 힘을 불어넣으려 하는데 마리가 집에 왔다.

"저런 인간이 좋아?"
"마리!"

마리에게 다가가 팔을 끌어안았다. 마리는 팔에 수아를 매단 채 소파에 앉았다. 설치 기사의 얼굴은 여전히 붉었다. 짧은 치마를 입고 있는 마리의 다리를 힐끗거리는 시선이 수아의 눈에도 보였다. 마리의 다리가 예쁘긴 하지. 수아는 소파 아래로 내려가 마리의 다리를 안고 허벅지에 얼굴을 묻었다. 입술에 닿는 피부가 부드러웠다. 햇빛에 잘 달궈진 자갈 같이 따뜻하고 귀여웠다. 수아의 머리카락이 다리 위를 스치자 간지러웠는지 마리가 작은 웃음소리를 냈다.

고개를 드니 선명하게 빛나는 눈동자와 도톰한 입술이 눈에 들어왔다. 입 맞추고 싶었다. 혀를 섞고 심장 소리를 들으며 숨을 나누고 싶었다. 저도 모르게 애원하는 눈빛으로 입을 벌리자 마리가 입 안으로 손가락을 넣었다. 반질거리는 손톱과 말랑한 손가락을 핥았다. 물 밖에서 먹은 그 어느 것보다 달았다. 그러나 더 맛있는 게 뭔지 이미 알고, 그

재와 물거품

걸 마리도 알고 있다는 걸 안다. 알면서도 주지 않으니 눈물이 날 것 같았다.

"그만 쳐다보고 설치나 해."

싸늘한 말을 마친 마리의 입술이 수아의 눈가에 맺힌 눈물을 닦은 뒤 천천히 콧대를 타고 내려와 입술에 닿았다. 벌어진 입술 사이로 들어오는 따끈하고 말랑한 혀가 너무 좋았다. 그러나 예전과는 달리 지금의 키스는 정신을 차릴 수 없을 만큼 적극적이고 농밀했다. 순간 코로 숨을 쉬는 걸 잊고 입술이 떨어질 때마다 숨을 헐떡거렸다. 기분이 이상했다. 너무, 너무….

"다, 다 됐습니다."

몸이 끓어올라 사라지는 건 아닐까 싶은 생각이 들 무렵 마리가 입술을 뗐다. 입술을 떼고 싶지 않았다. 더 깊이 닿고 싶었다. 마리의 가슴을 깨물고 땀에 젖은 입술을 핥고 싶었다. 마리가 토해 낸 숨을 삼키고 숨을 되돌려 주면서 끊임없이 입을 맞추고 싶었다. 수아는 마리의 다리에 얼굴을 묻고 가빠진 숨을 달래면서, 스스로의 생각에 놀라고 말았다.

"됐어? 그럼 안녕."

마리가 경쾌하게 웃으며 손을 흔들었다. 옛날에는 마리의 손에 굳은살이 많았는데, 지금은 가늘고 보드라웠다. 팔랑거리는 손을 멍하니 바라보다가 고개를 돌렸다. 아까까지만 해도 있었던 사람이 없어졌다. 뭔가 이상했지만 마리가 입술을 다시 겹쳐 와서 더는 아무런 생각도 할 수 없었다.

"내가 다른 사람 만나면 떠나갈 거야?"

"아니. 난 마리 옆에 있을 거야."

수아의 존재 이유는 마리였다. 마리의 무릎에 볼을 비비자 마리가 왼손으로 수아의 머리카락을 부드럽게 쓸어 주었다.

"내가 그렇게 좋아?"

"응. 내 목숨보다 더. 영원히 사랑할 거야."

"영원은 없어."

"내가 있다는 거 알려 줄게."

수아는 일어나서 두 눈을 반짝이며 마리를 끌어안았다. 손가락 사이로 흘러내리는 모래처럼 사라질까 봐 아주 꽉. 마리는 자신을 마주 안는 대신 TV를 켜 채널을 이리저리 돌렸다. 그래도 괜찮았다. 자신이 안고 있으면 된다. 이번에는 절대 헤어지지 않을 거다. 아직도 도망가라는 소리가, 마리에게 무슨 일이 일어나는지도 모른 채 물속으로 가라앉는 사이 점점 멀어졌던 그 비통한 소리가 시시때때로 들린다. 이번에는 절대 마리를 혼자 두지 않을 것이다. 멀어지는 마리의 얼굴을 잡고 키스했다.

"사랑해."

혼자 외출하려던 마리가 현관문 앞에 서서 수아를 바라봤다.

"같이 갈래?"

"밖에?"

"응. 가자."

재와 물거품

마리와 함께 집 밖으로 나가고 싶었지만 망설여졌다. 어떻게 해야 할지 몰라 입술을 깨물고 바닥만 내려다봤다. 약간의 침묵 후 문이 열리고 빛이 들어왔다. 마리의 그림자가 수아의 발을 간지럽히더니 이내 사라졌다. 고개를 들어 검은색 현관문을 마주했다. 마리가 자신에게 실망했을까. 하지만 무슨 일이 있어도 다른 사람들 눈에 띄면 안 된다고 한 사람은 마리였는데.

마리가 함께 나가자고 말한 건 처음이었다. 얼른 나가면 따라잡을 수도 있을 거야. 두려움을 누르고 마리가 사 준 구두를 신었으나 굽이 높아 제대로 걸을 수가 없었다. 비틀거리며 벽을 짚어 겨우 현관문을 열었는데 대문까지 가는 길이 너무 멀게만 느껴졌다. 수아는 망설이다 구두를 손에 들고 뛰었다. 넘어지지 않고 마리를 향해 뛸 수 있다니, 연습한 보람이 있었다. 발바닥에 닿는 풀이 생생하게 느껴졌다.

마리의 이름을 부르며 대문을 열었으나 길을 걷는 몇몇 사람을 마주쳤을 뿐, 마리는 없었다. 힘이 빠져서 들고 있던 구두를 놓쳤다. 어디로 가야 할지 알 수 없었다. 조금만 기다려 주지. 어깨를 늘어뜨리며 한숨을 쉬는데 누군가 다가와서 구두를 주워 주었다.

"괜찮아요?"

"아…."

"굽이 너무 높아서 벗고 다니는 거예요?"

수아는 너무 놀라서 구두를 받지도 않은 채 대문 안으로 들어와 문을 닫았다.

"구두는 앞에 둘게요. 무리하지 말고 운동화 신어요."

문 너머로 들리는 목소리가 다정해서 발가락만 꼼지락거렸다. 지금은 자신이 사람 모습을 하고 있어서 저렇게 친절한 걸까? 그럼 너무 겁먹지 않아도 괜찮은 걸까? 마리에게 운동화를 사 달라고 해야겠다. 다음에는 운동화를 신고서 마리의 손을 잡고 같이 나가야지.

그러나 마리는 집에 돌아오지 않았다. 다음 날도, 그다음 날도….

수아는 마리가 돌아오기만을 기다렸다. TV 앞에 멍하니 앉아서, 현관문 앞에서 몸을 웅크린 채로, 욕조 안에 가득 물을 채워 몸을 담그는 동안에도, 오로지 마리만을.

기다림 끝에 문이 열리고 마리가 돌아왔다. 웃으면서 마리를 반기려고 했지만, 마리는 화려한 장식이 달린 하이힐을 신은 여자와 함께였다. 여자는 마리의 팔을 끌어안은 채 환하게 웃고 있었다.

"어, 있었네."

마리는 아무래도 상관없다는 투로 말하며 안으로 들어갔다. 여자도 쾌활하게 인사를 하며 수아를 지나쳤다. 이게 무슨 일인지 이해할 수 없었다. 어째서 우리 둘만의 공간에 다른 사람을 데려오는 거

재와 물거품

지? 떨리는 마음으로 마리를 따라가니 식탁 위에 음식을 풀어 놓고 있었다.

"언니, 같이 먹어요. 마리 언니, 이분한테 언니라고 불러도 괜찮지?"

"상관없어."

"저 언니한테 벌써 질린 거야? 너무 그러지 마. 마리 언니 하나 보고 여기까지 왔는데 잘 좀 대해 줘."

마리와 여자는 친밀한 사이인 것 같았다. 오고 가는 말이나 몸짓이 다정하고 서로 간에 거리감이 없었다. 어째서? 왜, 왜 네가 마리의 볼에 입을 맞추는 거야? 네가 뭔데? 왜 내게 이런 감정이 생기게 하는 거야? 마음이 들끓었다. 목구멍으로 열기가 치솟은 나머지 머리까지 뜨거웠다. 화가 난 건지, 슬픈 건지, 원망스러운 건지, 명확히 알 수 없는 감정 때문에 목이 멨다.

수아는 기계적으로 식사를 하며 마리와 여자를 바라봤다. 마리는 식사 내내 단 한 번도 수아를 바라보지 않았다. 부딪치지 않는 시선을 통해 이래도 날 사랑하냐는 말이 들려왔다. 저 여자의 사랑이 자신의 사랑보다 더 커서, 두 사람이 서로만 바라보고 있는 걸까? 마리를 위해서 자신이 물러나야 하는 걸까?

"사랑하냐고? 너무 순진한 거 아냐? 이런 사람은 어디서 데려온 거래. 더 상처받지 말고 마리 언니한테 비싼 가방 몇 개 받고 나가요. 내가 언니 걱정해서 하는 말이야. 사랑은 사라지지만 가방은 내 손에 남아 있잖아."

마리가 잠시 전화를 받으러 간 사이에 여자에게 물었더니 실망스러운 답이 돌아왔다. 이런 사람들 속에 있으니 마리가 영원한 사랑을 믿지 않는 거라 는 생각이 들었다. 그렇다면 자신이 알려 주면 된 다. 마리의 시험이 기꺼울 정도였다. 시간이 흘러도 변함없는 마음으로 마리를 사랑할 것이다. 마리가 자신을 향한 영원한 사랑을 믿을 때까지.

그 뒤로도 마리는 몇 번이고 수아를 시험했다. 입 밖으로 명확한 문장을 꺼낸 적은 없지만 마리의 행 동은 수아에게 이런 자신을 영원히 사랑할 수 있냐 고 묻는 것이나 다름없었다. 수아는 그걸 알고 있으 면서도 언제나 같은 태도로 마리를 대했다.

마리가 자신을 매몰차게 대할 때면 마리가 만들 어 준 디저트를 떠올렸다. 손안에 들어오는 작은 그 릇에 가득 찬 녹진하고 달콤한 퐁당 쇼콜라. 한 입 먹는 순간 웃음이 나올 만큼 포근해졌다. 이렇게 다 정하고 따뜻한 걸 만들어 주는 사람이니까, 마리가 자신을 기억하지 못해도 괜찮을 것 같다는 막연한 확신이 수아를 지탱하고 있었다.

무너지고 싶지 않았다. 마리에게 영원한 사랑을 알려 줘야 한다는 생각을 몇 번이고 되새기고 다짐 해야만 이 버거운 날들을 견딜 수 있었다. 마리가 비 싼 가방이나 옷, 귀금속을 수아에게 선물할 때마다

재와 물거품

수아는 고마워하며 받았다. 그러나 수아는 이 집에 온 첫날 이후 집 밖으로 나간 적이 단 한 번도 없었기 때문에 그 물건들은 쓰이는 일 없이 방에 그대로 쌓여 갔다.

사람에 대해 배우기 위해 TV를 틀면, 무서운 말들이 흘러나왔다. 지나치게 많은 사람이 사람으로 인해 죽고 있었다. 이 도시가 너무 공포스러웠다.

수아는 마리를 현관 앞에서 기다렸다. 혹시라도 누가 마리를 칼로 찌르는 건 아닐지, 뒤에서 덮치는 건 아닐지, 차로 들이받는 건 아닐지, 눈이 마주쳤다고 주먹으로 때리는 건 아닐지 걱정하며.

수아가 걱정한다는 사실을 아는지 모르는지 마리는 때때로 일찍 들어왔고 자주 늦게 들어왔다. 수아가 외출하지 않아 선물이 쌓이기만 한다는 걸 알고 어느 순간부터 비싼 선물 대신 꽃이나 케이크, 쿠키같이 금방 사라지고 마는 것을 가져왔다.

수아는 마리가 준 음식을 하나하나 음미하며 먹었다. 그러나 꽃은 먹을 수 있는 게 아니었다. 마리가 준 거라 소중히 여겼지만, 아무리 노력해도 결국 시들고 썩어 버렸다. 수아가 그것을 버리지 못하자 마리는 생화 대신 프리저브드 수국을 한 다발씩 들고 왔다. 생생하게 살아 있는 듯한, 이미 죽어 버린 수국.

아무리 물을 줘도 살아나지 않는 꽃이 마리가 없는 집을 채우기 시작했다. 수아는 아름답게 죽은 꽃을 챙겨 욕실로 갔다.

살아 있는 마리가 집으로 돌아오길 기다리는 일은 슬프면서도 달콤했다. 변함없는, 마르지 않는, 영원한 사랑을 주고 또 주는 게 얼마나 기쁜 일인지. 건조하고 더운 공기 때문에 숨을 쉴 때마다 몸이 타오르는 것 같고, 물기란 물기는 모두 날아간 것처럼 버석거렸지만 행복했다.

화장실 곳곳에는 색색의 프리저브드 수국이 가득했다. 욕조 가득 물이 차오르자 수아는 그 안에 몸을 담갔다. 다리를 쭉 뻗어도 발끝이 닿지 않는 커다란 욕조였으나, 수아에게는 너무 작았다.

꼬리를 흔들며 앞으로 나아가고 싶었다. 물살을 가르거나 해류에 몸을 맡기고도 싶었다. 팔을 자유롭게 흔들자 물이 출렁이며 바닥으로 넘쳐흐르는 소리가 욕실 가득 울렸다. 선반 위에 있던 프리저브드 수국을 물에 담갔으나, 역시 살아나지 않았다.

집 안 곳곳에 있는 꽃을 모두 모아 욕조에 담그고 수아 자신도 욕조에 들어가 샤워기를 틀었다. 떨어지는 물줄기를 맞은 꽃들이 이리저리 떠다녔다. 몸을 움직일 때마다 꽃잎이 예전의 마리처럼 자신의 몸을 부드럽게 쓰다듬어 주었다. 마리를 생각하며 귓가를 매만지고 몸을 끌어안았지만, 허무하기만 했다. 수아는 천장을 가만히 올려다보며 몸을 늘어뜨렸다.

오늘도 일찍 와서 꽃을 줄까? 죽은 꽃이 아니라 살아 있는 마리가 보고 싶었다. 사랑하는 나의 마리.

재와 물거품

더운 여름 공기가 살갗을 달궜다. 숨을 들이마실 때마다 불꽃을 삼키는 것 같았다. 수아는 몸을 이루는 물 한 방울 한 방울이 기화되는 듯한 느낌을 받았다. 손가락이 파도처럼 일렁거리기도 했다. 섬으로, 바다로, 고향으로 가야 한다는 걸 알았지만 갈 수 없었다. 어느 때에 와도 수아가 늘 집에 있다는 사실에 마리가 점점 안정을 찾는 것 같아서, 수아는 마리를 위해 집에 고여 있기를 택했다.

다른 사람의 향수 냄새, 담배 냄새, 술 냄새, 새벽 바람 냄새…. 외출하고 돌아온 마리에게선 집에 없는 향이 났다. 수아는 마리가 온갖 향을 몸에 휘감고 현관문 앞에서 자신을 내려다보는 모습마저 사랑했다.

"왔어? 어디 다친 곳은 없지? 이상한 사람이 괴롭히지도 않았고?"

집에 붙잡아 놓고 둘이서만 행복하게 살고 싶었지만, 마리는 집 밖을 돌아다녀야 하는 사람이었다. 많은 사람을 만나고, 친밀한 관계를 갖고, 물건을 사 주며, 타인에게 칭송받고, 타인을 거리낌 없이 이용하는 마리를 온전히 사랑했다. 마리는 마리였으니까, 별다른 이유가 필요하지 않았다. 마리를 향하는 눈빛, 손짓, 목소리에서 흘러나오는 사랑을 모아 바다를 만들고 싶었다. 마리를 흔들림 없는 아주 커다란 사랑 속에 잠기게 해, 영원토록 행복하게 만들어 주고 싶었다.

술에 취한 마리를 걱정스레 살피고 있는데, 영원

이라는 단어를 중얼거리던 마리가 주저앉았다. 놀
라서 가까이 다가갔다가 갑자기 끌어안겼다. 마리
는 수아의 볼에 볼을 부비고 술 냄새가 나는 입으로
뽀뽀를 한 후 수아의 목덜미에 얼굴을 묻은 채 웅얼
거리며 말했다.

"아직도 나 사랑해?"

"응. 사랑해."

마리는 1초의 망설임도 없이 나온 말에 잠시 웃
더니 얼굴을 들어 수아와 눈을 마주쳤다.

"영원히?"

"영원히."

마리는 거짓말을 찾듯 수아의 얼굴을 한참 동안
꼼꼼히 살펴보다가 고개를 떨구고 잠들었다. 수아
는 잠든 마리를 힘겹게 침대에 눕히고 편한 옷으로
갈아입혔다. 어깨너머로 본, 마리가 화장을 지우던
모습을 떠올리며 진한 화장도 지워 줬다. 새근새근
잠든 마리의 얼굴을 보고 있으니 왠지 모르게 눈물
이 나왔다.

자신을 바라보던 별 같은 눈동자와 손가락에 상
처를 입어 가며 따 왔던 싱그러운 꽃, 공기 방울이
온몸에 달라붙은 것처럼 간질거리는 애정을 담아
수아— 하고 부르는 목소리…. 지금의 마리에게는
어느 것 하나 남아 있지 않았지만, 그런데도 행복
했다.

눈을 감으면 숨소리가 들리고 가슴에 얼굴을 묻
으면 심장이 뛰는 게 느껴졌다. 볼을 만지면 따스하

재와 물거품

고 안겨 있으면 포근했다. 유난히 밝은 달 아래 자유롭게 헤엄치는 듯 기분이 좋았다. 바다의 소금기와 산속의 풀 내음을 휘감고 있던 마리가 그립긴 했지만, 지금의 마리가 제일 좋았다. 살아 있기만 하면 나머지는 어떻든 다 좋았다. 그저 바라만 보고 있어도 웃음이 나고 눈물이 났다.

이 행복을 마리도 온전히 알게 될 날이 어서 오기를 기나긴 밤 내내 바다에게 빌고 또 빌었다.

얼마 지나지 않아 이번에는 마리가 술에 잔뜩 취한 채 남자의 부축을 받으며 집으로 돌아왔다. 제대로 걷지도 못하는 마리에게 서둘러 달려가자 남자가 살갑게 인사하며 수아를 머리끝부터 발끝까지 몇 번이고 훑어봤다. 내가 너를 품평하고 있다는 걸 알려 주듯, 아주 천천히.

남자를 방으로 들이기가 꺼려져 거실에 있는 소파 위에 마리를 눕혔다.

"고마워. 이제 가."

"아니, 술 취한 사람을 힘들게 데려왔는데 오자마자 그냥 가라고? 이건 예의가 아니지!"

새벽 2시, 마리는 만취해 있었고 남자도 어느 정도 취해 있었다. 차갑게 식은 손끝을 등 뒤에서 주무르며 남자를 똑바로 바라봤다.

"지금은 시간이 늦었으니 너도 얼른 가야지."

"힘드니까 자고 갈래."

남자가 금방 나갈 것 같지 않아 우선 마리를 방으로 데려가기 위해 마리의 등 뒤로 손을 뻗는데 남자가 자신을 잡아당겼다. 넘어가지 않으려 버텼으나 힘에 밀려 남자의 품 안으로 쓰러지고 말았다. 남자가 수아의 머리 위에 얹은 손을 천천히 내려 어깨를 어루만졌다. TV에서 봤던 갖가지 뉴스가 머릿속을 맴돌았다. 홧김에, 술 마셔서, 좋아해서, 왜 안 만나 줘….

　몸이 딱딱하게 굳고 목소리가 나오지 않았다. 마리, 마리, 마리. 나오지 못한 이름이 입안에서 휘몰아쳤다. 바다는 멀리 있어도 마리는 가까이 있기 때문일까. 소리 없는 부름을 들었는지 마리가 눈을 떴다. 술에 취해 눈이 붉게 충혈된 마리가 수아와 그 뒤에 있는 남자를 살펴보더니 몸을 천천히 일으켰다.

　"여자 둘이 무슨 재미로 섹스해. 우리 같이…."

　남자는 하려던 말을 다 하지 못했다. 불꽃은 남자만 감싸 안은 채 타오르고 있었다. 수아가 놀라서 마리에게 무릎걸음으로 기어가자, 마리가 수아의 머리부터 어깨까지, 남자의 손이 닿았던 부분을 다정하게 쓰다듬었다. 규칙적으로 움직이는 태연한 손짓에 마음이 진정되었다.

　불은 다른 곳으로 번지지 않고 오로지 남자만 태웠다. 사람이 탈 정도로 열기가 강한데 따뜻함이 느껴져서 더 비현실적이었다. 남자가 도움을 요청하는 듯 팔을 뻗었지만 별생각이 들지 않았다. 사람이 눈앞에서 죽어 가고 있는데 이토록 무감각하다니

재와 물거품

이상했다. 너무 놀랍지도, 두렵지도, 슬프지도 않았다. 수아는 자신의 어딘가가 망가졌다는 걸 이제야 깨달았다.

저 사람은 죽어도 마땅한 사람인가? 남자가 속으로 무슨 생각을 했든지, 어쨌든 친절하게 마리를 집까지 데려다주었다. 남자는 자신을 끌어안고 조금 쓰다듬기만 했을 뿐 아직 별다른 일은 벌이지 않았고, 끝까지 별일 없을 수도 있었다. 하지만 남자가 자신을 얌전히 놔준다고 해서 자신이 느꼈던 공포가 사라지는 걸까? 그리고 정말, 결국 아무 일도 생기지 않았을까?

머리를 어지럽히던 생각들은 일렁이는 불꽃을 보자 어딘가로 휘발되었다. 불은 아름답고 크게 타오르다 바닥에 재만 남기고 사라졌다.

"… 죽은 거야?"
"응. 오늘 죽으나 내일 죽으나 죽는 건 똑같잖아. 어차피 죽어 마땅한 놈이기도 했고. 방까지 가기도 귀찮다. 오늘은 여기서 자자."

마리가 다시 소파 위에 누워 손짓을 했다. 수아는 바닥에 남은 재를 뚫어져라 바라보다가 소파에 올라가 마리의 품에 얼굴을 묻고 눈을 감았다. 마리는 지금까지 이렇게 사람을 죽여 온 걸까? 사람을 죽인 마리는 나쁜 사람인가? 나를 도와준 구원자인가? 남자가 불에 휩싸였을 때 안도감을 느낀 스스로에게 자괴감이 들었다. 인어는 사람을 지켜야 하는데….

어른거리던 불이 잔상으로 남아 사라지지 않았다.

그 일이 일어난 후에도 수아가 별말을 하지 않자, 마리가 집에 있는 시간이 늘어났다. 바다 아래 잠긴 것 같은 평화로운 나날들이었다. 마리와 함께 있는 시간은 좋았지만, 수아의 몸은 그날을 기점으로 점점 약해지고 있었다. 피부가 거칠어지고 입술은 하얗게 부르텄다. 아직 겨울이 오지 않았는데도 손등이 쩍쩍 갈라져 피가 맺힐 정도였다.

마리는 수아에게 병원에 가자고 하는 대신 외출했다 돌아와서 검붉은 환을 내밀었다. 환에서는 온몸의 물을 모조리 증발시킬 것 같은 기이한 열기가 느껴졌다. 그것을 가만히 보기만 하니 마리가 성화를 부리는 바람에 겨우 손을 뻗었다. 살짝 닿기만 했는데도 손가락을 타고 들어오는 뜨거움에 약을 놓치고 말았다. 완벽한 구형의 약은 데굴데굴 굴러 탁자 아래로 들어갔다. 그걸 주우려고 하자 마리가 주머니에서 다시 환약을 꺼냈다.

"새것 줄게."
"꼭 먹어야 해?"
"날 영원히 사랑하려면 건강해야지."

영원 따위 믿지도 않으면서, 자신에게 약을 먹이려 노력하는 마리가 사랑스러웠다. 만지기만 해도 손이 형체도 없이 사라질 것 같은 약을 가만히 바라보았다. 무슨 약인지, 어떻게 만든 건지 묻지 않아도 알 수 있었다. 사람의 생을 모아 만들었으니 이

재와 물거품

렇게 뜨거운 거겠지.

얼굴도 모르는 사람을 떠올렸다. 달콤한 걸 좋아
하는지, 밤에 잠은 잘 자는지, 햇빛 아래 가만히 서
있는 걸 좋아하는지, 아무것도 알 수 없었다. 그저
그 사람이 돌이킬 수 없는 죄를 저지른 사람이길 바
랐다. 이 세상에서 사라지는 게 나은, 아주 나쁜 사
람이기를.

약을 입에 넣자 미지근해진 초콜릿처럼 혀 위에
서 부드럽게 녹아내렸다. 열기는 온몸 구석구석을
돌아다니더니 지금은 있지도 않은 꼬리에 통증을
안겨 주었다. 그 순간 수아는 앞으로 바다에서 자유
롭게 헤엄칠 수 없게 됐다는 걸 알았다. 그래도 마
리 곁에 있을 수만 있다면 뭐든지 할 수 있으니까.
수아는 마리의 부축을 받아 침대에 누웠다. 마리의
걱정스러운 시선이 느껴졌으나 괜찮다는 말 한마
디를 하지 못하고 몸을 웅크린 채 불꽃이 잠잠해지
기를 기다렸다.

수아는 차오른 눈물을 흘리기도 전에 죽음과도
같은 잠에 빠져들었다.

마리는 하루에 한 번 약을 가져왔다. 갓 만든, 신
선한 약. 그 약을 먹은 수아는 반짝거리는 눈을 하
고 작은 새처럼 재잘거리며 마리의 곁을 졸졸 따라
다녔다. 여름 햇살을 받으며 서 있는 수아의 모습은
죽어 가다가 되살아난 꽃처럼 싱그러웠다.

"오늘도 사랑해, 마리야."

마리는 사랑한다는 말을 되돌려 주지는 않았지만, 귀가 수아를 향하고 있었고 입이 웃고 있었다. 인어의 노래에는 사람의 마음을 안정시키는 효과가 있었다. 뾰죽 날이 서 있던 마리의 마음은 수아가 맘대로 지어 부르는 노래를 듣는 동안 잔잔해졌다. 충전되지 않은 휴대폰이 굴러다니고 인터폰 선도 끊어 버린 집은 둘만의 낙원이자 그 옛날의 바위섬이었다. 어떤 인간의 방해도 없는 시간은 고요하고 평화로웠다.

"어제도 사랑한 마리, 내일도 사랑할 마리, 사랑해, 사랑해, 사랑해…."

보는 사람이 없어도 파도가 치는 것처럼, 마리가 잠들었어도 수아는 노래하듯 사랑한다고 말했다. 사랑을 한 방울 한 방울 모아 바다를 만들고 싶었으나 그러기에는 시간이 너무 오래 걸린다. 거대한 파도로 덮치듯이 한순간에 마리의 마음을 적시고 싶었다. 무엇으로도 채워지지 않는, 마리의 마음속 구멍을 메워 주고 싶었다. 마리를 행복하게 만들기에 자신의 마음이 아주 작고 보잘것없다 해도, 마르지 않는 바다처럼 언제까지나 사랑할 수 있었다.

잠든 마리의 손을 잡고 있던 손이 아주 잠깐 투명해졌다 원상태로 돌아왔다. 마리의 손등 위에 맺힌 물방울을 손가락으로 닦아 냈다.

"사랑해."

목숨이 다하는 순간까지, 영원히.

재와 물거품

"오늘도 자연발화한 사람이 있었습니다. 목격자의 증언에 따르면 초등학교 앞에서 서성거리던 40대 남자였으며, 발목에는 전자 발찌가 있었다고 합니다."

"바다에 유독 물질을 버렸다는 혐의로 수사를 받고 있던 PL케미컬 장인하 회장이 자택에서 자연발화했다는 목격담이 나왔습니다. 목격자는 그의 부인과 가정부로, 경찰은 장 회장이 실제로 자연발화한 건지 방화에 의한 살해를 당한 건지 조사 중이라고 합니다."

사람이 불에 타 죽는 게 흔한 일이 아니어서 그런 걸까. 뉴스에서는 하루에 꼭 한 번씩은 저절로 타 죽은 사람에 대해 말했다. 수아는 마리가 없는 동안 뉴스를 보며 자신의 생이 이어질 수 있는 게 저 사람들 덕분이라는 걸 알게 됐다. 죄를 지은 사람들이라 다행이라고 해야 하는 걸까? 몸에는 온기가 돌았지만 목구멍이 얼어붙는 것 같았다. 마리에게 사랑한다고 말해야 하는데, 말이 나오지 않았다.

알고 먹었으면서 왜 이런 생각을 하게 되는 걸까. 돌이킬 수 없는데. 마리를 사랑하는 것만으로도 벅찬데.

약을 먹기 전의 수아는 마리가 없을 땐 잠을 자지 않은 채 텅 빈 집을 지키고, 마리가 돌아오면 마리만 바라보며 시간을 보냈다. 마리가 걱정할까 눈을 감고 자는 척을 하며, 마리의 숨소리에 귀 기울이며 긴 밤을 지새웠다. 이제는 그동안 잠들지 않았던 시간에 이자라도 붙은 듯 잠이 쏟아졌다. 하루에 절반 이상을 잠으로 보내는 것 같았다. 그뿐만이 아니라 목소리도 나오지 않았다.

"일시적인 현상일 거야. 곧 나아질 테니 걱정하지 마."

목소리가 나오지 않아 마리의 입술에 입을 맞추고 또 맞추며 사랑을 표현했다. 수아는 마리가 잠들기 전에 잠들고, 마리가 깬 후에야 잠에서 깼다. 예전에는 눈을 뜨면 대부분 혼자였는데, 이제는 늘 마리가 옆에 있었다. 수아가 뽀얗게 생기 오른 얼굴로 새근거리며 잠을 자고, 눈을 뜨자마자 입을 맞추며 사랑을 담아 바라보니 수아의 목소리를 걱정하던 마리의 얼굴에 점점 안도감이 더해졌다.

아주 다행이었다. 내일과 내일들이 모여서 영원이 되는 걸 텐데, 왜 마리는 내일도 사랑한다는 말은 들어 주면서 영원히 사랑한다는 말은 싫어하는 걸까. 그런 의문이 들기는 했으나 수아에게는 마리가 제일 중요하고 소중했다. 불로불사의 인어는 입 맞춤과 눈빛 하나하나에 자신의 생을 담고, 온 마음을 실어 영원을 노래하고 있었다.

바닷속처럼 파리하게 물든 새벽녘, 수아가 잠을 자다 말고 눈을 떴다. 인간 세상에 나온 후로 이렇게 몸이 가벼운 적이 없었다. 손을 허공에 뻗고 물살을 가르는 것처럼 휘저어 보았다. 비록 꼬리는 없었지만 정말 자유롭게 바닷속을 헤엄치는 것 같았다.

재와 물거품

"안 자고 뭐 해."

"마리."

"이제 목소리 나오는 거야?"

"사랑해."

"참 너답다. 목 아프지는 않고?"

"사랑해, 영원히."

"영원 같은 건 없다니까…."

그러면서도 기분이 좋은지 자리에서 일어나 수아의 입술에 입을 맞춰 온다. 아주 달콤하고도 뜨거워서, 온몸이 녹아내릴 것만 같은 키스였다.

"영원은 여기 있어."

문득 마리와 처음 만났을 때가 생각났다. 발이 바닥에 닿지 않을 만큼 깊은 바다에 겁을 먹고 잔뜩 움츠러들었던 마리, 온몸에서 힘이 빠져 물결 따라 너울거리며 아래로 가라앉던 마리. 생이 천천히 사그라드는 모습은 무섭고도 아름다웠다. 모습을 드러낼 생각이 없었는데 그날 아침 자신과 눈이 마주친 사람이라는 걸 깨닫자마자 마음이 바뀌었다. 그 사람이 자신을 얼마나 열렬하게 바라봤는지 떠올린 순간 너무 놀라서 손을 뻗어 구하고 말았다. 품 안에 들어오는 사람의 형체가, 미약하게 팔딱거리는 심장이 어찌나 연약하던지….

자신의 사랑은 사랑이란 게 무엇인지 몰랐던 그때부터 시작된 건지도 모른다. 한 생명을 구하고 책임진다는 게 얼마나 무겁고 행복한 일인지, 그 사랑을 잃어버렸을 때 얼마나 서글프고 비통한지 다 마리를 통해 알았다. 자신이 사라지더라도 마리가 너무 슬퍼하지 않으면 좋겠다.

손이 사라지고 있었다. 마치 달을 향해 솟구쳤던 파도가 바다로 돌아가는 듯한 느낌이 들었다. 온몸을 보드랍게 감싸 안아 주는 물의 감각에 웃음이 나왔다. 그래, 욕조에 받은 물과는 비교도 할 수 없지. 몸이 바다로 변하고 있기 때문이었을까. 두 다리는 사라지고 어느새 별이 내려앉은 듯한 꼬리가 나왔다. 물 밖에서는 아무리 움직여 봤자 소용없는 인어의 꼬리. 약을 먹으며 느꼈던 열기 때문인지 비늘이 하얗게 일어나다 못해 군데군데 빠져 피가 나고 있었다. 마지막이니까 예쁘게 보이고 싶었는데, 너무 아쉬웠다.

물거품이 되는 건 두렵지 않았다. 바다에서 태어나 바다로 돌아가는 것뿐이었으니까. 다만 마리가 걱정이었다.

"행복해야 해."

마리의 볼을 쓰다듬으려 했으나 손도 물거품으로 변했다.

수아는 뭔가를 더 말하고 싶었으나, 몸 깊숙한 곳에 자리 잡고 있던 열기가 물거품마저 빠르게 거두어 갔다. 아주, 아주 빠르게. 단 한마디 말만 남길 수 있을 정도로 빠르게.

"마리."

그리하여 인어는 물거품이 되어, 물거품으로 남

재와 물거품

지도 못한 채, 사랑만 남기고 사라졌다.

혼자 남은 마녀는 인어가 사라지고 나서야 와르르 쏟아지는 기억에 정신을 차릴 수가 없었다. 목숨을 바쳐서라도 지키고 싶은 사랑이 눈앞에서 형체도 없이 사라졌다. 마녀는 자괴감에 울 수도 없었다. 수아를 살리기 위해 했던 짓이 수아를 죽게 만든 것이었다. 자신이 수아를 죽인 것이다.

비명을 지르고 싶었지만 소리가 목구멍에 걸려 나오지 못했다. 목구멍에 박힌 비통함은 천천히 마리의 근원을 찌르고 갈라, 불을 터트리고 마녀의 몸을 휘감았다. 마녀가 스스로를 혐오하고 경멸하고 증오하고 미워하는 마음을 장작 삼아 불은 크게, 아주 크게 타올랐다. 마리의 집을 태우고 그 옆으로, 옆으로 번져 많은 것들을 태웠다. 죽어 마땅한 것과 그렇지 않은 것들. 살아 있는 것만으로도 바다에 해가 되는 인간과 그 밖의 인간들까지도.

마녀는 그 모든 것을 제물 삼아 하늘과 바다에 기원했다. 수아는 행복해야 했다. 자신 따위는 어떻게 되든 상관없었다. 마녀는 불꽃 속에서 무릎을 꿇고 간절히 빌었다. 불에 닿은 마녀의 눈물은 빠르게 타올라 수증기가 되고 이내 허공으로 흩어져 세상 곳곳에 퍼졌다. 그것은 마녀의 목숨보다 더한 기원을 담아 언젠가 바다에, 수아가 태어난 바다에 도달할 것이다.

옥가락지에 지워지지 않을 금이 생겼다.

3.

귓가에 스르르 움직이는 파도 소리가 들리고 선선한 바닷바람이 머리카락을 가볍게 헝클이고 있었다. 방금까지 모든 걸 태우고 있었는데, 바다 앞이었다. 자신은 허리를 숙여 발목을 감싸고 있는 샌들 스트랩을 풀고 있던 중이었다. 이게 어떻게 된 일인지 자세히 알 수 없었으나, 기원의 대답을 들었기 때문에 갑자기 상황이 변했다는 건 알았다. 수아가 행복해질 기회가 생긴 것이다. 마리는 샌들을 제대로 신을 생각도 못 한 채 정신없이 바닷가를 뛰어다녔다.

"수아야!"

수아를 처음 만났을 때의 시간과 장소, 자신의 모습까지 그대로인데 수아는 없었다. 혹시나 바위섬에 있을까 서둘러 헤엄쳐 갔으나 거기에도 없었다. 깊은 바다에서 잠을 자고 있는 걸까? 마리는 바닷속으로 몇 번이고 들어갔으나 수아를 찾을 수 없었다.

해가 졌다가 다시 뜬 뒤에야 마을로 걸어갔다. 머리카락에서 물이 뚝뚝 흘러나와 마리가 지나온 걸음걸음을 적시고 있었다. 조금만 쉬었다가 섬 구석구석을 돌아볼 생각이었다. 오늘 찾지 못하면, 내일. 내일도 못 찾으면 모레…. 마리는 자신 혼자만 되돌아온 게 아니길 간절히 바랐다.

숙소를 향해 느리게 걷고 있는데 귀에 익숙한 목소리가 들렸다. 작고 동그란 물거품이 수면 위로 떠

재와 물거품

오르는 것처럼 경쾌하고 맑은 목소리. 수아였다. 달려가고 싶었으나 온몸에 힘이 들어가지 않았다. 비척거리면서도 소리의 근원지를 향해 이를 악물고 걸어갔다.

나무 아래 있는 평상에서 한쪽 다리를 접은 채 마늘 꼭지를 자르고 껍질을 벗기며 여러 사람과 이야기를 하는 수아가 보였다. 그 모습은 처음부터 마을의 일부분이었던 것처럼 이질감이 없었다.

달려가서 끌어안고 싶고, 입술을 맞추고 수아의 볼을 어루만지고 싶었다. 그러나 수아가 자신을 모른다. 눈이 마주쳤는데도 표정에 아무 감정도 드러나지 않았다. 기쁨도, 원망도, 그 무엇도. 그저 낯선 사람이 물에 빠진 꼴을 보고 걱정 어린 시선으로 바라볼 뿐이었다.

그 사실을 깨닫자 눈물이 흘러나왔다. 자신이 왜 우는지 알 수 없었다. 수아가 자신을 잊어서인지, 힘들었던 과거를 잊고 처음부터 다시 시작할 수 있다는 기쁨 때문인지.

다정한 수아는 낯선 사람이 자신을 보며 우는데도 이상하게 생각하지 않고 깜짝 놀라며 다가왔다.

"왜 그래요? 무슨 일 있어요? 바다에 빠졌던 거예요? 혹시… 죽으려고 한 거예요?"

마리는 수아의 질문을 듣고 아무 대답도 하지 않았다. 수아는 알겠다는 듯 눈가를 촉촉하게 적시더니 푹 젖은 마리의 몸을 끌어안았다.

수아가 물거품으로 부서지던 그 광경이 선명했다. 가까이 다가오던 얼굴은 마리의 입술에 희미한 물기만 남기고 산산이 부서졌다. 그 물기조차도 마리의 열기로 인해 흔적도 없이 사라지고 말았다. 남은 게 아무것도 없었다. 아무것도.

　"잘 돌아왔어요….".

　빨간 샌들을 바닥에 떨어뜨리고 조심히 수아의 등에 팔을 둘렀다. 부드럽고 단단한, 형체가 있는 몸이었다. 등을 도닥이는 손길이 다정했다. 귓가에 끊임없이 이제 괜찮을 거라고 속삭이는 자신의 수아가 품 안에 있었다.

　수아가 부랴부랴 손을 씻고 마리를 데려가려 하자 마늘이 잘 안 까진다고 계속 투덜거리던 사람이 입을 열었다.

　"한 사람 빠지면 이거 언제 다 까! 데려다주고 얼른 와야 해."

　얼핏 보기에도 수아가 서너 개 깔 때 저 사람은 말하느라 마늘 한 쪽을 겨우 다듬고 있었다. 그러면서 저런 말을 하다니. 수아가 여기서 어떻게 지내는지 모르겠지만, 저딴 소리나 듣고 있을 존재가 아니었다. 저걸 어떻게 할까 가만히 바라보고 있는데 수아가 알겠다며 웃었다.

　수아의 손을 잡고 천천히 따라간 끝에 마을 외곽 쪽에 있는 작은 집에 도착했다. 뒤쪽 길이 바닷가와 이어져 있는 집이었다. 남몰래 바다에 가기 위해 이곳에 사는 걸까? 방 한 칸과 주방, 화장실, 비좁은

재와 물거품

마당. 오래되어 낡긴 했지만 안은 깔끔했다.

"집이 작죠? 그래도 나 혼자라 눈치 줄 사람 없으
니까 편하게 있어요. 우선 씻고 옷부터 갈아입어
야겠다."

수아는 젖은 머리를 수건으로 닦아 준 다음 보일
러로 실내 온도를 높이고 옷장에서 옷을 꺼내 줬다.
보일러가 돌아가는 소리를 배경으로 부산하게 움
직이는 수아를 따라 마리의 시선이 이리저리 움직
였다.

마리는 수아의 손짓에 이끌려 화장실로 들어갔다.
다리를 다 펼 수도 없는 작은 욕조에 물이 가득 차
있는 게 보였다. 물이 부족한 섬에서 모르는 사람에
게 이렇게까지 해 주다니, 수아는 여전히 착했다.

"따뜻한 물에 몸 좀 담그고 있어요. 배는 안 고파
요?"

"배고파…."

"얼큰한 매운탕 끓여 줄게요. 옷은 여기 서랍장
안에 둘 테니까 갈아입고 나와요."

옷을 벗어 바닥에 두고 욕조 안에 들어갔다. 따뜻
한 물이 나오다 말다 하는 건지 물이 미지근했다.
보일러가 크게 탈탈거리는 소리가 들렸다. 손을 휘
저어 온도를 높이고 무릎을 끌어안았다.

마리는 고개를 숙인 채로 중얼거렸다. 내가 어떤
사람인 줄 알고 혼자 사는 집에 무턱대고 데려오는
건지. 저번에는 그렇게 겁이 많더니, 이번에는 왜
이렇게 겁이 없는 거야. 그때의 수아가 사람들과 어

울려 살았다면 이런 모습이 되었을까? 알 수 없는 일이다. 중요한 건 수아였다. 그때의 수아이건 지금의 수아이건, 절대 포기할 수 없었다.

그 후로 마리는 수아의 집에 머물렀다. 수아는 마을 사람들의 부름에 따라 여기저기 돌아다니기 바빴다. 마늘 까기, 겉절이 담그기, 그물 손질 같은 일을 돕고 쉬어 터진 김치나 멍든 사과, 며칠 동안 먹고 남은 듯한 사골국 등을 받아 왔다. 도대체 왜 그딴 걸 받으면서 남의 집 생선을 하나하나 넣어야 하는지 이해할 수는 없었으나 수아가 환하게 웃으면서 전화를 받고 나가기에 아무 말도 하지 않았다.

한동안 집 안에만 있다가 결국 수아를 따라 집 밖으로 나온 마리에게 마을 사람들의 시선이 쏟아졌다. 정체는 무엇일까, 정말 죽으려고 한 걸까, 재벌가 자식이다, 아니다 첩이다, 이별 후 비관 자살하러 왔다가 실패한 거다, 애를 뱄는데 남자가 여자 두고 도망가서 여기까지 온 거다, 집이 망한 거다 등 온갖 말들이 쏟아졌다. 모든 말의 끝에는 저런 년을 수아 옆에 둬도 되는 거냐는 매서운 시선이 따라붙었다.

마리가 수아를 따라 나왔으면서도 일은 하지 않고 옆에서 빤히 바라보기만 하니 마을 사람들은 자기들끼리 대화를 큰 소리로 주고받으며 일하지 않는 사람 먹지도 말라는 말 따위를 했다. 한편 수아에게는 괜히 걱정된다는 듯 모르는 사람은 집 안에 들이는 게 아니라며 그런 사람은 두고 자기 집으로

재와 물거품

들어오라고 속삭이는 사람이 한둘이 아니었다. 그렇게 집에 들어앉혀서 수아를 자기 아들이랑 어떻게든 엮으려 하는 사람도 한둘이 아니었고. 마리 귀에는 뒤에서 하는 말들이 마냥 같잖게 들렸다. 사람들의 대화가 그런 식으로 흘러갈 때쯤이면 기분이 안 좋은 척 집에 가자고 수아를 불렀다. 그러면 수아는 고개를 이리저리 방황하듯 돌리다가 죄송하다며 마리의 손을 잡고 대문을 나섰다. 뒤에서 사람들이 욕을 하건 말건 마리는 관심 없었지만, 수아는 마음이 많이 쓰이는지 내내 얼굴빛이 좋지 않았다.

"배고파. 왜 먹어도 먹어도 배가 고플까."

마리가 약한 척, 마음이 허기진 척하며 수아만 믿을 수 있다는 듯 물기 어린 눈동자로 수아를 바라보면, 수아의 마음은 어느새 마리로 가득 찼다. 수아는 마리를 배불리 먹이고 싶다는 생각으로 분주하게 움직였다.

마리에게 쏟아지던 사람들의 욕은 수아 집 근처에 있던 커다란 빈집의 리모델링 공사가 시작되면서 잦아들었다. 비싼 돈을 들여 공사하는 사람이 누구인가 알아보니, 그렇게 욕했던 젊은 아가씨였기 때문이다. 육지처럼 땅값이 비싼 곳은 아니니 이사를 올 수도 있지만 그렇다고 외지인이, 그것도 아가씨 혼자 와서 싸게 집을 사고 더 많은 돈을 들여 고쳐 살 만한 곳은 아니었다. 돈이 그렇게 많나?

그때부터 사람들은 마리의 주위를 맴돌며 뭔가를 받아먹으려 애썼다. 마리가 다른 사람과는 인사도 하지 않고 수아하고만 대화를 하는데도 어떤 상처를 받았는지 모르겠지만 아직 상처받은 마음이 아물지 않은 사람이라며 어떻게든 말을 붙이려 애썼다. 사람들은 마리가 당연히 같이 올 걸 알고 수아를 불러 섬사람들이 힘들다느니, 관광객이 어쩌고 조합이 저쩌고 이런저런 이야기를 했다.

오늘도 마찬가지였다. 수아는 걱정스러운 표정으로 그렇군요, 네네, 하며 열심히 이불을 밟았다. 사람들은 무슨 말을 해도 대답만 잘할 뿐인 수아를 보며 인상을 찌푸렸지만, 마리가 들으라는 듯이 계속 말하는 것 외에는 달리 할 수 있는 일이 없었다.

방울방울 일어나는 하얀 세제 거품에 드리워졌던 무지갯빛이 수아가 움직일 때마다 톡톡 사라졌다. 이지러지는 파도 같은 거품 위로 경쾌하게 움직이는 새하얀 발바닥이 보였다. 비늘이 찢어지고 갈라져 피투성이였는데, 지금 수아의 발은 아주 매끈했다. 바다로 돌아가면 찢어지고 상처 난 꼬리가 아니라 처음 봤던 모습 그대로 아름다운 꼬리가 돋아나겠지. 그 생각을 하니 마리의 눈에서 눈물이 떨어졌다. 발에 묻은 거품을 닦지도 못한 채 허둥지둥 달려온 수아가 눈물을 닦아 줄 때까지 뚝뚝.

"나랑 같이 살자."
"같이 살고 있잖아요?"
"더 크고 좋은 집에서 우리 둘이 행복하게 살자."

온 마음을 다해서 말했다. 하늘에 고하듯, 바다에

재와 물거품

바라듯이. 수아는 마리를 가만히 바라보았다. 목소리는 당당한데 거절당할지도 모른다는 생각 때문인지 입술이 파르르 떨리고 있었다. 그 모습이 귀엽기도 하고 안쓰럽기도 해서 수아는 고개를 끄덕였다. 그러자 환하게 웃는 모습이 어찌나 사랑스럽던지. 우는 모습보다 훨씬 보기 좋았다.

수아는 이 섬에서 어업을 돕고 취미 삼아 온 낚싯배에도 한두 마리 몰아 주며, 바다를 자유롭게 유영하고 거세게 일렁이는 바다를 다독이며 지냈다. 그러다 바다에 발이 닿지 않아 당황하는 아이를 파도로 밀어내 구해 낸 이후 사람들 틈에 섞여 살기 시작했다. 하는 일은 전과 비슷했다. 섬에 위험한 태풍이 오려고 하면 약해지도록 힘을 썼고, 물이 부족하면 비가 올 수 있도록 기원했다.

사람들은 입에서 입으로만 전해 내려왔던 무녀라는 존재가 나타났다며 좋아했다. 수아는 바다와 섬을 잇는 신당을 다시 세우고 싶어 김치를 담그며 넌지시 말했으나, 옛날에 거기서 누가 술판을 벌이다 발을 헛디뎌 굴러떨어져 죽었다느니, 누가 목매달아 죽었다느니 하는 실체가 불분명한 괴담 같은 이야기를 듣고 입을 다물었다. 어쩔 수 없다고 생각하며 바라는 것 없이 그저 묵묵히 섬을 위해 일할뿐이었다. 늘 비슷한 하루하루를 보내는 수아의 마음은 바람이 불지 않는 바다처럼 언제나 담담했다.

그런데 왜일까. 마리가 울면 머리가 하얗게 되고 마음이 아렸다. 심장이 터질 것 같고 숨쉬기가 버거웠다. 눈물을 닦아 주고 또 닦아 주다가 눈가에 입을 맞추며 생의 근원인 바다 같은 눈물을 다 마시고 싶었다. 그런 생각에 놀라 딸꾹질을 한 적이 여러 번이었다.

수아는 마리의 뒤를 따라 새집으로 갔다. 집은 까치발을 들어도, 발을 굴러도 안이 보이지 않을 정도로 높은 담으로 둘러싸여 있었다.

"담이 너무 높은 거 아니에요?"
"사람들 시선 신경 안 쓰면서 살고 싶어."

그동안 외지인이라는 이유로 길을 걸어 다니기만 해도 사람들의 시선을 받았으니 지긋지긋할 만도 했다. 저번에 이불 빨래를 하던 날 마리가 우는 걸 봤을 때는 얼마나 놀랐던가. 마리를 달래던 수아의 귀에 "모지리 아냐?", "진짜 애 잃고 실성해서 여기로 죽으러 왔나 봐."라는 말들이 또렷하게 들렸다. 도대체 사람들이 마리에게 왜 이렇게 날카로운 반응을 보이는지 알 수 없었다. 이 섬에서 마리를 보듬을 이는 자신뿐이었다.

그래서 마리와 같이 살기 위해 여기까지 왔는데 눈앞에 보이는 건 하얀색 담장이었다. 탁 트인 곳에 살다가 이렇게 갇힌 공간에 오니 답답했다.

"꽃을 심자. 하얀 담장에 알록달록한 꽃이 만발하면 정말 예쁠 거야."

담을 허물고 산과 길가에 핀 꽃을 봐도 좋을 텐데 하는 생각을 접어 두고 고개를 끄덕였다. 마리가 전화로 꽃을 주문하자 다음 날 육지에서 온 사람들이 정원 곳곳에 꽃을 심었다. 장미, 엔젤로니아, 플

재와 물거품

록스, 달리아, 칼랑코에…. 화려한 꽃과 소담스러운 꽃을 조화롭게 배치했다. 인부들은 힘들다는 말 한 마디 없이 땅을 파고 흙을 고르고 꽃을 심었다.

사람들이 일하는 동안 마리는 빛 한 점 들어오지 않게 커튼이 잘 쳐진 방 안에서 무릎을 세워 다리를 끌어안은 채 수아의 손을 잡고 있었다. 수아는 사람들이 힘들까 염려되어 시원한 물이라도 가져다주고 싶었지만, 손을 잡고 있는 마리의 힘이 너무 가냘파 움직일 수가 없었다. 섬에서는 꽃을 본격적으로 심는 경우가 드물었다. 직접 보고 싶었는데 그럴 수 없어 대신 소리를 들었다.

사람들이 돌아다니는 소리, 땅을 파며 힘을 쓰는 소리, 흙을 다독이는 소리, 이파리가 물줄기와 부딪치면서 내는 쏴아아 쏴아 하는 소리에 귀 기울였다. 수아는 보지도 못한 꽃들의 색을 상상하다가 까무룩 잠이 들었다.

눈을 떠 보니 고요했다. 방 안에는 마리가 없었다. 작업이 끝난 건가? 하품하며 방 밖으로 나왔다. 여름이라 해가 길었다. 햇살이 가득 쏟아져 들어오는 창 너머로 온갖 색의 잔치가 열려 있었다. 석양으로 물드는 하늘을 담은 주홍색, 솜사탕 같은 연분홍색, 마리의 입술처럼 보드라운 붉은색…. 수줍은 듯 가운데만 분홍빛으로 물든 꽃도 있었고, 작은 요정들이 모자를 벗어 걸어 놓은 것처럼 귀여운 꽃도 있었다. 그러나 수아의 마음을 사로잡은 꽃은 따로 있었다.

하얀색 꽃은 거세게 바다에 부딪쳐 일어나는 파도 같았고, 푸른색 꽃은 해도 뜨지 않은 새벽녘에 희푸르게 물드는 하늘이나 햇볕이 쨍하게 내리쬐는 바다를 닮은 듯했다. 보자마자 물을 좋아하는 꽃이라는 걸 알 수 있었다.

수아는 쏟아지는 햇살 속에 서서 한참 동안 꽃을 바라보다 이 광경을 볼 수 있게 해 준 마리를 떠올렸다. 마리의 얼굴이 생생하게 그려졌다. 커다란 눈동자에 가득 들어찬 눈물, 굳게 다문 입술, 차갑고 매서운 무표정. 언제 서늘했냐는 듯 코를 찡긋거리며 초승달처럼 접히는 눈과 수아, 하고 부르는 다정한 목소리.

마리가 너무 보고 싶었다. 눈에 담고 품에 안고 싶었다. 마리를 찾으려고 하던 찰나에 마당을 한 바퀴 돌았는지 저쪽에서 천천히 걸어오는 모습을 발견했다.

바람에 나부끼는 머리카락을 손으로 쓸어 넘기는 마리의 손가락을 잡고, 꽃들을 바라보는 시선을 자신에게로 돌리고 싶었다. 바로 창문을 열고 맨발로 땅을 밟았다. 마리가 푸른색 꽃 사이에 서서 수아를 바라봤다. 아스라이 사라질 것 같은 분위기에 수아는 망설임 없이 다가가 입을 맞췄다.

사랑한다는 말은 없었지만 마리를 바라보는 눈빛과 마리의 볼을 어루만지는 손가락과 서둘러 나온 발에 사랑이 묻어 있었다. 그 모습을 보고 마리는 코를 찡긋거리며 웃었고, 웃으면서 눈물을 뚝뚝

재와 물거품

흘렸다. 덩달아 눈에 눈물을 매달고서 수아는 마리의 눈물을 닦아 주었다. 마리가 지금까지 어떤 슬픔과 불행을 겪었는지는 몰라도, 앞으로 함께 있는 시간에는 행복만 가득하게 해 주고 싶었다. 영원토록.

마리와 수아가 높은 담으로 둘러싸인 집에서 나오지 않는 동안 섬에는 불길하고 꺼림칙한 여자에 대한 소문이 돌았다. 그 여자 주변에 있기만 해도 불행이 닥쳐온다는 것이었다. 본인이 사고를 당하거나, 본인이 멀쩡하면 집안에 큰일이 생긴다고 했다. 게다가 그 여자가 누군가와 눈을 마주치고 그 사람이 죽기를 바라면 그 사람은 숨이 턱 막히고 심장이 점점 힘을 잃어 죽고 만다느니 하는 말까지 돌았다. 아이들도 믿지 않을 것 같은 괴상한 소문이었다. 그러나 이 섬에는 누구보다도 영험한 수아가 살고 있었기에 마을 사람들은 불가사의한 일이 실제로 일어날 수 있다는 걸 잘 알고 있었다. 마리에 대한 사람들의 얼토당토않은 믿음은 점점 굳건해졌다.

영 틀린 소문은 아니었다. 수아가 일하는 곳에 마리가 따라올 때마다 몸 어딘가에서 열기가 들끓어 더위를 먹거나, 갑작스러운 오한에 온몸이 뻣뻣하게 굳어 관절 마디마디가 아프다고 호소하는 사람이 한두 명이 아니었다. 유독 사방팔방 참견을 하던 말 많은 여편네와 늘 소주 한 병을 들고 다니며 이래라저래라 잔소리하던 그의 남편 같은 경우는 마당에서 불을 피워 고기를 구워 먹다가 갑자기 솟아

오른 불에 큰 화상을 입어 치료차 육지까지 가야만 했다. 방파제에서 낚시를 하다가 갑자기 떨어져 죽은 사람도 여럿이고 남몰래 빚을 지고 도주한 건지 갑자기 모습을 보이지 않는 사람도 꽤 있었다. 남은 사람들은 출석 확인을 하듯 매일 서로의 이름을 부르고 얼굴을 맞댔다.

사람들은 당초 수아를 통해 마리에게서 마을 발전 기부금을 받아 내려고 했으나, 이제는 수아에게 얼른 그 집에서 나오라고 성화였다.

"수아야, 네가 우리 섬에서 얼마나 중요한 사람인데, 너한테 무슨 일이라도 생기면 어쩌니? 집이 문제라면 우리 집으로 오렴. 작은방 치워 둘게."
"그래. 형님 집에 다 큰 자식이 있어서 불편하면 우리 집으로 와. 우리 집에는 여자들밖에 없어."
"아이고, 여자들만 있으면 뭐 해. 남자가 있어야 든 든하지! 우리 집으로 와. 밥도 맛있게 차려 줄게."
"전 지금 사는 집이 좋아요."
"정신 차려. 그 여자가 온 이후부터 여기저기 아프고 다치는 사람이 늘어난 거 보면 모르겠어? 귀신 들린 게 분명하다고!"
"그런 거 아니에요!"
"… 섭섭하다, 수아야. 어떻게 네가 나한테 큰 소리를 내니! 귀신한테 홀린 건 아니겠지?"
"그런 말 하지 마세요. 가 볼게요."

마리는 그저 슬픔에 젖은 가여운 사람일 뿐인데, 그걸 몰라준다는 게 서글펐다. 마리도 섬사람들도

재와 물거품

모두 조금씩만 마음을 열면 좋을 텐데. 수아는 정원에서 꽃에 둘러싸여 마리가 주는 카나페를 먹고 마리가 구해 온 와인을 마시며 한숨을 쉬었다. 아무것도 모른 채 좋다고 웃는 마리가 안쓰러워 손만 꼭 잡았다.

며칠 동안은 둘만 존재하는 낙원에 있는 것 같았다. 무슨 일 때문에 마음이 변했는지는 모르겠으나 누가 부르면 두 발을 나풀거리며 집을 나섰던 수아가 온종일 마리의 옆에 머물렀다. 어떤 사람은 집까지 찾아와 담 너머에서 수아를 불렀지만, 마리가 수아의 손을 잡은 채로 자고 있으면 수아는 그 손을 놓지 못하고 조용히 마리를 바라봤다.

마리는 밤에 잠을 잘 자지 못했다. 잠을 자면 꿈에 물거품이 되어 사라졌던 수아가 나왔다. 마리, 하고 애달피 부르던 목소리가 파도처럼 밀려와 마리를 집어삼켰다. 힘을 쓰면 거센 파도에서 벗어날 수 있었지만, 수아의 흔적마저 사라질까 봐 마리는 허우적거리기만 하다가 천천히 물 아래로 가라앉았다. 살겠다는 의지 없이 물살에 몸을 맡기고 가라앉다 보면 흐려진 시야 안쪽으로 하얀 손이 다가왔다. 구하기 위해 다가오는지, 끝없는 나락으로 떠밀기 위해서 다가오는지 알지 못하는 채로 잠에서 깼다.

마리는 꿈을 꾸는 동안 바닷속에 있을 때처럼 숨을 멈추고 있었는지 눈을 뜨자마자 허겁지겁 숨을 들이마시며 옆에서 자는 수아를 바라봤다.

예전의 수아는 잠을 자지 않았던 건지 예민했던 건지 마리가 잠시 선잠을 자다 뒤척이기만 해도 눈을 뜨고 마리를 도닥였는데, 지금의 수아는 옆에서 큰 소리가 나도 깊은 잠에서 헤어 나오지 못한다. 수아의 마음이 편하다는 뜻인 것 같아 소리 없이 울면서 허공에서 수아의 머리를 쓰다듬고 볼을 어루만졌다. 커다란 창으로 햇살이 드리울 때까지.

마리의 낯빛을 보면 밤에 잠을 잘 자지 못한다는 표가 났다. 그럼에도 사랑에 빠진 마리의 얼굴은 얼마나 싱그러운지. 수아도 같이 밤을 지새우고 싶었으나 쏟아지는 잠을 이기지 못하고 먼저 잠들기 일쑤였다. 마리가 수아의 품 안에서 잠깐이라도 낮잠을 자니 그나마 다행이었다.

네 눈물은 바다와 연결되어 있어서 끊임없이 흐르는 걸까. 언제가 되어야 눈물이 그칠까. 수아는 달아오른 눈가로 자신을 애틋하게 바라보는 마리를 끌어안고 채 마르지 못한 눈물을 입술로 닦아 준 뒤 깊게 키스했다.

"날 사랑해?"
"사랑해요."
"영원히 사랑할 거야?"
"네. 마리만을 영원히 사랑할 거예요."
"나만? 다른 사람들은?"
"나에겐 마리뿐이에요."

마리는 몇 번이고 되물은 후에야 안심한 듯 수아의 가슴 위에 머리를 올리고 웃는다. 수아가 느리게

재와 물거품

머리를 쓰다듬어 주면, 서서히 마리의 몸에서 힘이 풀리고 마리가 잠에 든다. 어디에도 가지 말라는 듯 수아를 단단하게 끌어안은 채. 이런 마리를 두고 어떻게 수아가 자리를 비울 수 있을까.

그러나 수아는 섬과 인간을 사랑하는 자유로운 인어였다. 고작 꽃으로 둘러싸인 집과 눈물만으로는 잡아 둘 수 없는 존재. 마리를 사랑하는 만큼, 혹은 그보다 더 섬과 인간을 사랑하는지도 모를 일이었다.

"나도 같이 갈래."
"사람들이 쳐다보는 거 싫다면서요."
"너랑 떨어져 있는 게 더 싫어."

수아는 마리의 마지막 말에 물방울이 터지듯 까르르 웃더니 마리의 손을 잡고 밖으로 나갔다. 목적지 없이 골목과 골목을 걸었다. 모래 먼지 흩날리는 운동장을 가로질러 알록달록 칠해진 학교를 구경하고 그 앞에 있는 작은 문구점에서 아폴로, 꾀돌이, 콜라 젤리 등 간식을 사서 주머니에 넣은 채 섬을 돌아다녔다.

마을 외곽으로 빠져 조금만 걸어가면 바닷가가 나오는데, 거기서 놀고 있는 아이들이 보였다. 해초를 따 돌멩이로 빻아 소꿉장난을 하는 아이도 있었고 바닷물에서 발장구를 크게 치며 사방에 물이 튀도록 헤엄치는 아이도 있었다. 맑고 깨끗한 바다가 아니라 흙탕물처럼 탁한 바다에서.

이해할 수 없는 광경에 수아가 주춤거리며 바다를 향해 걸어가다가 자신을 붙잡고 있는 마리의 손을 느끼고 발걸음을 멈췄다. 마리는 수아의 손을 놓고 신발을 벗은 후 바닷속으로 들어갔다. 바닷물이 허벅지까지 차올랐을 무렵 미끄럽고 질척거리는 무언가를 밟았다. 허리를 숙여 밟은 걸 들어 올렸다. 기름때로 까맣게 물든 돌멩이였다. 어디선가 샌 기름이 이 작은 바닷가를 뒤덮은 것이다. 아이들은 그걸 아는지 모르는지 웃으면서 물장난을 치고 있었다.

　　어린것들을 가만히 보다가 조약돌을 들고 수아 앞에 섰다. 수아는 까만 돌을 보고 입술만 깨물어댔다. 마리는 이미 젖은 옷자락으로 조약돌을 닦았으나, 기름은 잘 닦이지 않았다.

　　"어, 수아 언니다!"

　　아이들이 우르르 몰려와 돌탑 쌓자, 아기 역할 해 줘, 나중에 두꺼비집 같이 만들자, 그네 밀어 줘, 하며 재잘거렸다. 얼마나 신나게 놀았는지 옷 곳곳에 검은 흔적이 남아 있었다. 수아는 아이들을 하나하나 쓰다듬어 주고 그래 그러자고 대답했다.

　　"그런데 왜 이런… 이런 곳에서 놀아? 어른들한테 말 안 했어?"
　　"쌀집 아저씨네 배에서 기름이 샜다고 했었나?"
　　"엄마는 수아 언니가 알아서 해 줄 거라고 했어요!"
　　"그런데 언니가 어떻게 해요? 요정이에요?"

재와 물거품

"바보야, 세상에 요정이 어딨어?"

"나 바보 아니야!"

"그만."

마리가 단호하게 말하자 수아의 옷자락을 잡고 흔들던 아이들이 움직임을 멈췄다. 마리는 부드럽지만 망설임 없는 손길로 아이들의 손을 떼어 낸 뒤 수아의 손을 잡고 집으로 돌아갔다. 수아는 고개를 푹 숙이고 아무 말 없이 마리의 손을 의지해 걸었다.

마리는 이미 씻고 나왔는데, 수아는 다른 욕실에서 샤워기를 틀어 놓은 채 울고 있었다. 마리는 모든 걸 불태워 버리고 싶었지만, 수아는 아직 사람들을 사랑했다. 수아는 밤에 몰래 외출했다 돌아온 후 피곤에 젖은 얼굴을 하고 잠들었다. 마리는 사람들을 위해 이토록 노력하는 수아를 보며 조금만 더 참아 보기로 했다. 수아를 슬프게 하고 싶지 않았다. 그러나 상황을 이대로 두는 게 오히려 수아를 더 슬프게 하는 건 아닐까?

구름이 가득 껴 달빛조차 없는 밤이었다. 마리는 손바닥만 한 불꽃을 여러 개 피운 채 어둠 속을 걸어 산을 올랐다. 발아래를 밝히는 불꽃이 이리저리 돌아다녔지만, 풀에 불이 붙지는 않았다.

천천히 걸어 마을이 한눈에 들어오는 정상에 도착했다. 예전에는 선대 무녀가 바다에서, 자신은 산에 올라 빌었다. 비가 너무 많이 와도 빌고, 너무 오지 않아도 빌었다. 둘 중 누가 바다에 잡아먹히거나 햇빛에 말라 죽어 제물이 되어도 섬만 잘되면 상관없다는 마을 사람들에 떠밀려 기원해야 했다. 하늘님이든 바다님이든 누구라도 좋으니 제발 살려 달라고, 마을 사람들에게서 자신을 구해 달라고 간절히 빌고 또 빌었다.

지금은 약간의 힘만 쓰면 발아래 있는 모든 것들을 남김없이 태워 버릴 수 있었다. 재는 바람결에 다 흩어질 것이고, 이 섬에서는 오로지 자신과 수아만 살게 될 터였다. 마리의 감정에 따라 일렁거리는 불꽃들이 마리 주위를 날아다니며 나뭇잎을 스치고 뱀처럼 기어다녔다. 마리가 손짓하자 별똥별이 한꺼번에 쏟아지는 것처럼 불꽃들이 집들을 향해 떨어지다가 집들 바로 위에서 움직임을 멈췄다. 높은 곳에서 내려다보니 목숨을 쉬이 앗아가는 불꽃은 작게 빛나는 촛불처럼 연약하게만 보였다. 그때 바닷가에서 신당으로 올라가며 본 불빛들은 정말 무서웠는데, 위에서 내려다보니 아무것도 아니었다. 심장이 거세게 뛰었지만, 자신이 만든 불꽃은 한순간에 모든 것을 재로 만들 수 있다고 되뇌며 마음을 가라앉혔다.

어느새 구름이 걷히고 바다에 닿을 듯 내려앉은 보름달이 수면 위에 이지러졌다. 잔잔히 흘러가는 물결을 보고 있으니 수아의 비늘이 생각났다.

수아는 밤에 태어났을 거야. 낮의 활기참을 모아 밤의 다정함 속에서 태어났겠지. 살을 에는 겨울바

재와 물거품

람에 머리를 들이밀고 나왔다가 많은 사람 중에 나와 눈이 마주쳤을 거야. 채 떠오르지도 않은 햇살을 눈동자에 담아서 내 몸과 마음을 녹여 준 게 분명해.

시린 겨울 바다에서 느꼈던 수아의 온기를 떠올렸다. 그때는 몰랐지만 지금은 수아가 추위에 질린 자신을 돕기 위해 힘을 썼다는 걸 안다. 그런 수아니까 누군가의 죽음을 바라지 않을 것이다. 조금만 더 참아 보기로 했다.

마리는 한결 가벼워진 마음으로 집으로 돌아와 수아를 끌어안았다. 잠결에 마주 끌어안는 수아의 손길에 서서히 잠이 들었다.

며칠 후, 정원에서 마리는 커피를, 수아는 와인을 한 잔 마시고 그늘막 아래에서 자다 일어나 항구 쪽을 향해 걸었다. 대로변을 따라 횟집과 횟집, 생선 가게와 과일 가게, 슈퍼 등이 줄지어 있었다. 점심으로 뭘 먹을까 대화하고 있는데 식당에서 한 남자가 나와 수아를 불렀다. 낮부터 술을 잔뜩 먹었는지 얼굴과 목이 새빨갰다. 남자의 목소리가 하도 커서 사람들이 다 이쪽을 쳐다봤다.

"아이고, 우리 예쁜 수아네. 드디어 귀한 얼굴을 보는구만!"

"안녕하세요."

남자가 수아의 손을 잡고 만지작거리는 행동이 불쾌했지만, 수아의 인간관계라 생각하며 참았다.

차라리 보지 않는 게 낫겠다 싶어 시선을 돌리자 대로변에 있던 사람들과 눈이 마주쳤다. 사람들은 황급히 고개를 돌려 하던 일을 했다.

"지금 한잔 어때? 오늘 괜찮은 놈이 들어와서 술이 쫙쫙 입에 달라붙을 거야. 참, 그 집에서 지내는 사이에 별일은 없었지? 어디 다쳤다거나 뭐 그런…."

"그런 일 없으니 걱정 마세요. 장 봐야 해서 가 볼게요."

수아는 최대한 무례하지 않게 웃으면서 손을 뺐는데 금방 다시 잡히고 말았다.

"저년이랑 같이 있다 보니까 우리 수아도 싸가지가 없어지는 건가? 아저씨 섭섭하다, 섭섭해. 아저씨랑 술 한잔해야지. 이 아저씨랑 대작할 사람은 수아밖에 없어요! 다들 꼬꾸라졌다니까!"

저런 건 받아 줄 필요가 없었다. 마리가 다가가서 남자를 내팽개치듯 치우고 수아의 손을 잡았다.

"수아야, 가자."

"너 지금 나 쳤냐? 쳤어?"

마리는 아무 말도 하지 않고 남자를 바라봤다. 그러자 남자는 혼자 씩씩거리며 욕을 내뱉더니 삿대질을 했다.

"허, 눈빛이 그게 뭐냐? 왜 사람을 벌레 보듯 보는데? 네가 뭔데 사람을 무시하냐고! 네가 그렇게 돈이 많아? 새파랗게 어린 년이 저런 집은 어

재와 물거품

떻게 지었대? 몸이라도 팔았냐? 어? 대답도 안
하네? 사람들 여기 좀 보소! 내가 생선이나 판다
고 어린 년이 날 무시하고 있다고!"

"장 사장, 진정해."

"저년이 날 꼬나보는 눈을 보…!"

남자는 말을 끝내지도 못하고 컥컥거리더니 바
닥에 쓰러졌다. 그제야 주변에서 구경하고 있던 사
람들이 우르르 몰려와 인공호흡을 해야 한다, 갑자
기 건들면 위험하니 지켜봐야 한다며 부산을 떨었
다. 그 꼴을 보니 우스웠다.

"가자."

"하지만!"

"네가 의사도 아니고 어떻게 할 수 있는 상황이
아니잖아. 괜히 끼어들지 말고 가자."

"나, 나 할 수 있어. 도울 수 있어."

마리는 안절부절못하는 수아의 양팔을 잡고 눈
을 바라보며 말했다.

"저들은 네가 꽃을 바라보며 가만히 앉아 있는
걸 좋아한다는 걸 알아? 소주나 맥주가 아니라
달콤한 와인을 좋아한다는 건? 음식에 어울리는
접시를 골라 플레이팅을 예쁘게 해서 먹는 걸 좋
아하고, 매운 것보다는 간장을 베이스로 한 국물
요리를 좋아한다는 건 알아? 마늘 까라, 생강 까
라, 대파 손질하자, 이불 밟아 빨자, 그물 손질하
자, 낚시 예약 손님 데려와라, 술 따라 줘라, 커피
타서 남편 갖다 줘라! 네가 왜 이런 취급을 받아

야 하냐고! 수아야, 이렇게 사는 게 행복해?"

조금 더 다정하게, 따뜻하게 말하고 싶었는데 그게 잘 안됐다. 모든 잘못은 인간이 했고 수아를 탓할 일이 아니란 걸 알면서도 속상함에 자꾸만 수아를 탓하게 되었다. 이 섬에 있는 동안 쌓인 화를 더 이상 참을 수가 없었다. 수아의 다리를 훔쳐보던 노인에게 불을 붙이고, 수아에게 음식물 쓰레기를 바다에 버려 달라 시키던 여자도 태우고, 남자가 무슨 짓을 해도 꾹 참는 곰 같은 아내가 되어야 남편에게 사랑받는다는 말을 하며 아내를 때리던 남자도 재로 만들었다.

"행복….'"

"물고기 많이 잡게 해 달라, 바다가 잔잔하게 해 달라, 바라는 건 많으면서 바다에 되돌려주는 것도 없는 쓰레기 같은 인간들이야. 너에게 바라기만 하는 것들 때문에 왜 너만 힘들어야 하는 건데."

그것이 인어가 존재하는 이유였고, 인어의 사랑이었다. 오랫동안 섬에 살며 자연을 경외해 온 인간들의 간절한 바람과 소망과 희망에 바다가 숨결을 불어넣어 빚어낸 생명이 인어니까. 인어가 섬 자체와 섬에 사는 이들을 아끼고, 섬사람들의 소망을 이뤄 주려 하는 건 당연한 일이었다.

그렇다고 해서 힘들지 않은 건 아니었다. 실은 알고 있었다. 사람들이 자신을 어떻게 취급하는지, 자신에게 뭘 원하는지, 바다에 무슨 짓을 하는지. 마

재와 물거품

리가 말한 것보다 더 많은 것을 알고 있었다. 그래도 혼자는 외로우니까, 사람들의 온기를 느꼈으니까, 혼자 감내하고 이해하고 제 할 일을 잘하면 괜찮을 줄 알았다. 온 마음을 다해 마리를 사랑하다가, 마리가 죽으면 마리와 함께 살았던 시간을 떠올리며 영원한 행복을 노래할 수 있을 것이라 생각했다. 되풀이되는 기억을 끌어안고, 마리와 함께했던 공간인 이 섬과 여기 살고 있는 사람들을 무슨 일이 있어도 지킬 수 있을 것 같았다.

그러나 그게 마냥 행복하냐고 묻는다면….

"헛소리 하지 말고 이리 와서 우리 남편 살려 내!"

"술병인 거 같은데요."

"저, 저거 봐. 네가 우리 남편한테 무슨 짓 한 거지? 그렇지?"

"이모! 그렇게 말하지 마세요!"

"수아 너 그러는 거 아니다. 저년이 섬에 오고 나서 이상한 일이 얼마나 많이 있었는데 어떻게 그런 말을 할 수가 있어?"

"용호 형님, 은아 엄마, 해마다 오는 상철이…. 얼마나 많은 사람이 다치고 죽었는지 알아? 그동안 뭐 했어? 사람들 죽어 갈 동안 저년이랑 시시덕거리기만 했지? 기원을 올리든, 액을 대신 받든, 어떻게든 해야 할 거 아니야!"

"이러다 형님이 잘못되기라도 하면 네가 책임질 거야? 형님 살려 내면 용서해 줄게. 빨리 이리 안 와?"

수아는 사람들의 모진 소리를 듣고 충격을 받았는지 멍한 표정을 지었다. 사람들은 수아뿐만 아니라 마리도 욕했다. 사람이 저렇게 쓰러졌는데 독한 것, 싸가지 없는 년, 인정머리 없는 것, 가정교육 못 받은 년…. 온갖 욕이 거미줄처럼 끈끈하게 달라붙었다.

"아이고 여보, 옳지, 숨 쉬자. 그렇지, 정신이 들어?"

다행히 남자가 정신을 차렸는지 여기저기서 안도의 한숨이 흘러나왔다. 그 소리를 듣고 마리가 수아와 함께 자리를 옮기려 하니 턱수염이 지저분하게 난 남자가 씩씩거리며 다가왔다.

"어른들 하는 말 안 들려?"

마리가 대꾸 없이 가려고 하자 얼굴이 빨개진 남자가 손을 쳐들었다. 맞는 건 짜증 났지만, 수아가 자신을 안타깝게 여기고 편을 들어 줄 걸 생각하면 한 번쯤 맞는 것도 괜찮겠다 싶어 가만히 있었다. 그러나 다친 사람은 수아였다. 너무 강한 힘에 밀린 건지 놀라서 그런 건지, 수아는 바닥에 주저앉아 멍하니 남자를 보고 있었다. 화가 머리끝까지 치솟아 올랐으나, 수아를 살피는 게 먼저였다. 피어오르려는 불꽃을 애써 가다듬으며 무릎을 꿇었다.

"아프지…. 집에 가서 소독하고 약 바르자."

부풀어 오르는 볼과 넘어지면서 긁혀 피가 나는 팔다리를 만지지도 못하고 안절부절못하니 수아가 마리의 손을 꼭 잡아 주었다. 눈물을 참으며 수아를 일으켰다. 집으로 가려는데 남자가 앞을 막고 섰다.

재와 물거품

길은 넓으니 비켜 가려 하자 다시 앞을 막았다. 남자는 계속 가까이 다가오려 했고 마리와 수아는 뒷걸음질 쳐서 거리를 벌렸다.

"수, 수아야. 내가 그러려고 한 게 아니라…."

"변명하지 말고 비켜."

"하! 어린것이 반말은…. 말을 말자. 수아야, 때린 건 미안한데, 네가 앞으로 나오지만 않았어도 맞을 일 없었잖아. 어디 뼈 부러진 것도 아니고, 머리를 부딪친 것도 아닌 것 같으니까 잠깐만 형님 좀 보고 가, 응? 그러고 나면 내가 집에 데려다줄게."

"그게 당신한테 맞은 사람한테 할 말이야? 비키라고."

이제 마리의 말은 무시하기로 했는지 남자는 수아를 매섭게 내려다보며 말했다.

"너 그러는 거 아니다. 우리가 너한테 어떻게 해줬는데! 신당 안 지어 줘서 그래? 이왕 짓는 거 제대로 지어야지. 사람들이 돈 조금씩 모으고 있으니까 기다리라고 했잖아. 아니면 형님이 너한테 얼른 결혼해서 애 낳으라고 잔소리했다고 그러는 거니? 네가 딸 같으니까 그런 거 몰라? 남을 돕는 게 좋다며. 도와주고 나눠 주는 게 즐겁다고 했잖아. 너 무녀잖아. 무녀 일 하기 싫으면 빨리 애를 낳든가! 네 할 일도 안 하고 저년이랑 놀기만 하면 어쩌자는 거야!"

그 말을 듣는 순간 제어할 수 없는 불꽃이 마리의

몸 안에서부터 터져 나왔다. 마리는 재빨리 수아의 손을 놓고 앞으로 나아가 수아와 거리를 벌렸다. 수아는 무사했으나 불꽃이 튀어 올라 남자에게 붙더니 한순간에 남자를 집어삼켰다.

사람들은 갑작스러운 상황에 비명을 지르다 가게에서 물을 떠 오고 바다에서 물을 퍼 남자에게 쏟았다. 아무리 물을 부어도 불은 꺼지지 않고 활활 타올랐다. 기이한 광경에 하나둘 들고 있던 물통을 떨어뜨리고 뒷걸음질 쳤다. 사람들은 어느새 제물을 바치듯이 남자를 중심으로 원을 그리며 서서 하늘로 솟구치는 불꽃을 홀린 듯이 바라보았다.

남자는 사라지고 재만 남았으나, 불꽃은 사라지지 않았다. 뱀처럼 이리저리 꿈틀거리고 꽃잎처럼 날아다니며 다음 먹이를 찾아 움직였다.

마리는 제어되지 않는 힘을 가라앉히기 위해 필사적으로 노력했다. 이대로 가다가는 수아마저 태울 것만 같았다. 그러나 죽어 가던 그날이 자꾸만 생각났다.

어른거리던 횃불 아래에서 번들거리던 눈동자들. 경멸, 혐오, 한심함, 업신여김, 무시, 냉대….

어떤 단어를 갖다 붙여도 부족할 것이다. 무녀가 사람이긴 했던 건지. 매일 알을 낳다가 때 되면 잡아먹히는 닭보다도 못한 존재 같았다. 아니 닭은 무리라도 지어 살지, 무녀는 마을로부터 멀리 떨어진 곳에서 혼자 살아야 했다. 사람들은 공경하는 척 거리를 두며 마을의 견고한 벽을 넘지 못하게

재와 물거품

했다. 그러면서 필요할 때는 무녀님, 무녀님. 어찌
나 애달프게 매달리던지. 무녀는 무녀의 의무를 다
해야 한다는 그 말을 뼈에 새겨질 정도로 듣지 않
았더라면 못하겠다며 강짜를 부리고 진작에 도망
갔을 것이다.

바다를 모시고, 물결을 살피고, 물고기와 해초의
상태를 살피고, 사람들이 물고기를 너무 많이 잡지
는 않았는지, 물고기가 너무 적게 잡힌 건 아닌지
살피고, 바다 위에서 살아가는 사람이 바다로 인해
죽지 않도록 도와야 한다. 너는 바다와 사람을 이어
주는 무녀다.

지금도 선대 무녀가 했던 말이 생생하게 떠오른
다. 하지만 선대 무녀님. 인간의 욕심은 끝이 없고,
그들의 됨됨이는 변하지 않습니다. 저것이 저들의
본성이라면, 왜 살려 둬야 하는 거죠? 바다 덕분에
살면서도, 바다에 대한 감사를 표하는 일은 무녀에
게 미뤄 버리는 자들. 무녀의 힘이 사라질까 얼른
애를 낳으라 종용하는 자들. 자신들을 도와준 수아
를 팔아먹기 위해 작살을 드는 자들인데.

감정이 격렬해질수록 불꽃이 날뛰었다. 수아를
더는 슬프게 하고 싶지 않았으나 불꽃은 점점 커졌
다. 모든 걸 잡아먹을 듯이. 이 섬을 모조리 태우지
않고서는 꺼지지 않겠다는 듯이.

수아는 힘을 써서 불을 끄려고 했지만, 불은 쉬이
꺼지지 않았다. 오히려 물이 증발하며 시야를 가리
는 안개가 생겼다. 허둥지둥거리는 사이 벌써 몇 사

람이나 재가 되어 사라졌다. 불길을 일으킨 원인을 없애지 않는 이상 꺼지지 않을 것 같았다. 마리에 대한 사랑과 인어로서 해야 할 일을 저울질하다, 살려 달라고 비는 사람들의 목소리에 마음이 점점 기울고 있음을 느낀 순간이었다.

"도망가!"

마리의 다급한 목소리가 잊고 있던 기억을 일깨웠다. 수아는 그날 마리가 어떤 일을 겪었는지 자세히 몰랐다. 밤인데도 태양이 내려온 것처럼 너무 환했고, 마리는 목이 터져라 도망가라고 소리쳤다. 마리의 부탁을 들어주고 싶었으나, 절박한 목소리를 듣고 너무 걱정되어 뭍을 향해 다가갔다. 그때는 마리에게 달려갈 수 있는 다리가 없었는데도 마리에게 조금이라도 더 가까워지고 싶어 필사적이었다.

그러다가 작살을 맞고 아래로, 끝없는 아래로 떨어져 잠이 들고 말았다. 자신이 인간과 다른 생김새를 지녔기 때문에 노려진 거라 생각했고, 그럴 수도 있다고 이해했다. 마리가 평소에 늘 말했으니까. 사람은 다른 존재를 배척하기 때문에 인어인 자신은 눈에 띄면 안 된다고.

마리는 그날처럼 울부짖고 있었다. 도망가, 제발 피해…. 과거에는 불가능했지만 지금은 마리에게 달려갈 수 있었다. 수아는 두 다리로 뛰어가 있는 힘껏 마리를 끌어안았다. 마리는 잠시 팔을 치우려 버둥거렸으나, 움직일수록 수아의 몸이 연기처럼 변해 갔기에 가만히 있을 수밖에 없었다.

재와 물거품

"도망가라고 했잖아!"

"드디어 너에게 왔어."

"수아, 너…!"

"사랑해."

평소 바다는 짙푸른 색이지만 크고 강한 파도가 밀려오면 유화물감을 거칠게 바른 듯 두텁고 밀도 있는 하얀 물거품이 본래의 색을 모두 덮어 버린다. 지금의 바다가 그랬다. 갑자기 사람의 키를 훌쩍 넘는 파도가 밀려왔다. 불이 붙은 채 쓰러져 있는 사람도, 몸이 얼어붙어 도망가지 못한 사람도 모두 파도에 휩쓸렸다. 그러나 파도는 아무도 해치지 않고 물거품만 남긴 채 얌전히 바다로 돌아갔다.

"수아야…?"

물거품은 마지막으로 발등을 간지럽히고는 이내 스르르 사라졌다. 주변을 돌아보니 남아 있는 불꽃이 하나도 없었다. 마리를 휘감은 불도, 파도가 물러가는 순간까지 마리를 꼭 끌어안고 있던 힘도 사라졌다.

"수아야! 어딨어!"

바다는 침묵했다. 그저 지금껏 그래 왔던 것처럼 물결만 일렁였다. 마리는 수아에게 도망가라고 외쳤던 그날과는 달리 이번에는 제게 오라고 수아의 이름을 부르짖었으나, 답은 돌아오지 않았다. 화가 나서 신발이 벗겨지는 것도 아랑곳하지 않은 채 땅을 발로 차고 바다를 향해 불꽃을 던졌다. 던지는 족족 타오르다 사라졌지만 이렇게라도 하지 않으면 미칠 것만 같았다. 사람들은 두려움에 떨며 도망가지도 못한 채 마리의 분노와 한을 받아들여야만 했다.

"이렇게 또 사라지면 어떡해…."

아무리 수아를 부르고, 바다를 향해 화를 내도 달라지는 건 없었다. 고요한 슬픔은 눈물이 되었으나, 마리의 몸 안에 있는 열기 때문에 채 흐르지 못하고 기화되어 사라졌다. 눈물이 끊임없이 흐르는 탓에 마리는 안개에 뒤덮였다. 다른 사람들 눈에는 마리가 보이지 않았다. 작게 피어오른 안개 속에서 가슴을 퍽퍽 내려치는 소리와 숨죽여 흐느끼는 소리만 들릴 뿐이었다.

"내가 널 또 잃고 말았어…."

스스로에 대한 절망으로 마리의 몸이 타들어 가던 그때 다시 거대한 파도가 섬을 향해 다가왔다. 한순간에 거대한 물결이 철—썩 내려치고 간 자리에는 빨간 샌들 한 짝만이 남아 있었다.

4.

바닷바람에 머리카락이 나부꼈다. 차르르르 바다와 자갈이 부딪치는 소리가 일정한 박자를 타고 흘러나왔다. 온몸을 타오르게 했던 절망이 평화로운 파도 소리에 가라앉았다. 방금까지만 해도 마을에 있었는데 눈을 떠 보니 수아를 다시 만났던 신당 앞 바닷가였다. 죽음을 맞고 다시 태어난 장소이기 때문인지 때때로 이곳으로 와야 했다. 죽기 직전에 겪은 일을 생각하면 다시는 여기로 돌아오고 싶지 않았다. 그러나 이곳으로 돌아왔기 때문에 다행스럽게도 수아를 만날 수 있었다. 이번에도 여기에서 수아를 다시 볼 수 있을 것이다.

마리는 수아를 찾아 이리저리 뛰어다녔다. 제대로 신지 못한 샌들이 벗겨지는 바람에 발목을 삔 것 같았다. 절뚝거리면서도 수아의 이름을 부르며 마을 구석구석까지 돌아다녔다. 사람들을 붙잡고 수아에 대해 물어봤지만 아는 사람이 아무도 없었다. 이상한 사람 아닌가 하는 눈빛을 받으면서도 아랑곳하지 않고 곳곳을 뒤졌으나 수아를 찾지 못한 마리는 절망에 빠졌다. 해가 진 뒤 달빛으로 빛나는 바닷가 앞에 서서 마음을 가라앉혔다. 뒤늦게서야 발목에서 욱신거리는 통증이 느껴졌다.

바닷가에 우두커니 뒹굴고 있는 샌들 한 짝을 줍고, 남은 샌들마저 벗은 후 바닥에 앉았다. 물살이 조심스레 밀려오다 돌아가고 있었다. 자신과 수아 또한 거세게 밀려와도 다시 되돌아가는 파도처럼 아무리 애써도 과거로 되돌아갈 수밖에 없는 걸까? 자신은 끝내 행복해지지 못하고, 계속 수아가 죽는 걸 지켜봐야 하는 걸까?

다음 날 마리는 해가 지고 달이 질 때까지 바닷가에 앉아 있었다. 수아는 없었다. 바닷속에 있는 걸까. 그렇다면 이번에는 모든 걸 잊고, 사람들과도 거리를 둔 채 바닷속에서 행복하게 지내고 있기를 바랐다. 자신을 잊었다면 더는 서로 만나지 않고 행복해졌으면 싶었다.

그러나 왜일까. 만나지 않는 게 나을 거라 생각했으면서도 마리는 섬을 떠날 수가 없었다. 마을로 들어가는 대신 신당과 그 근처의 땅을 모조리 사들였다. 아무도 마주치지 않으면서 그저 이곳에 머무르고 싶었다. 어차피 이쪽으로 오는 사람도 없겠지만.

3년 내내 섬에 머물렀다. 떠오르는 태양을 보다 이번 여름이 오기 전에 섬을 떠나야겠다는 생각을 했다. 이제 만나는 것도, 멀리서나마 얼굴을 보는 것도 기대하지 않았다. 바라는 건 하나뿐이었다. 수아가 행복하기를. 마리는 하루도 빠짐없이 부서지는 파도에 온 마음을 실어 보냈다. 무녀는 한이 하늘에 닿아 마녀가 되었지만 여전히 진심을 담아 기원을 드릴 줄 알았다. 모든 바다는 서로 연결되어 있으니까 언젠가는 수아에게 자신의 마음이 전해질 수 있을 거라 생각했다.

어김없이 바다 앞에 앉은 날이었다. 빗방울이 부슬부슬 떨어지고 있었다. 날이 더워서 그런지 빗물도 미지근했다. 바다 위로 떨어지는 무수히 많은 빗방울을 보다가 얼굴을 적신 빗물을 닦아 냈다.

잠깐 손으로 얼굴을 가렸을 뿐인데, 손을 떼니 수아가 보였다. 숨이 멎는 것만 같았다. 파르르 떨리는 손으로 다시 얼굴을 가렸다. 꿈일까, 환상일까. 차마 손을 뗄 수가 없었다.

재와 물거품

짧게나마 본 얼굴을 계속 곱씹었다. 눈동자는 슬픔에 젖어 있고, 오색찬란하게 빛나던 비늘 빛은 약해져 있었다. 어두운 바닷속에서도 빛나는 비늘로 두려움을 거둬 주고, 떨리는 손을 다정하게 잡아 준 수아였다. 비늘의 빛을 잃더라도 수아는 여전히 어여쁠 것이다. 그렇지만… 입술을 깨물며 울음을 삼켰다.

"안녕."

수아의 목소리를 들은 마리는 가까스로 숨을 들이마시고 손을 뗐다. 인어의 모습을 한 수아가 검푸른 바닷속에 몸을 반쯤 담그고 있었다. 그 모습이 너울거리는 불 속에 있던 자신의 모습과 겹쳐져서, 마리는 한참 동안 수아를 바라보다가 겨우 입을 열었다. 비가 바다에 부딪히는 소리보다 더 작은 목소리였다.

"안녕."

그 말을 끝으로 어떤 말도 흐르지 않았다. 바다 위를 두드리는 빗줄기가 침묵을 메우는 사이, 마리와 수아는 그저 하염없이 서로를 바라보기만 했다. 인어의 모습으로 등장했으니 지금의 수아에게는 지난 시간에 대한 기억이 있는 것 같았으나 제대로 확인해야 했다.

"… 기억해?"
"응. 전부 다."

침묵이 계속되는 가운데 빗줄기는 점점 거세져

말소리가 제대로 들리지 않을 정도로 쏟아졌다. 빗줄기는 물안개처럼 아스라이 퍼져 수아의 모습을 흐리게 만들었다. 무슨 말이라도 하고 싶어 입술을 달싹였지만 무슨 말을 해야 할지 알 수 없었다.

마리가 뭔가를 말했는데 빗소리에 묻혀 들리지 않는다고 생각했는지 바닷속에 있던 수아가 뭍으로 나왔다. 두 팔로 온몸을 지탱해 자갈 위로 올라오더니 자연스럽게 두 다리로 일어났다. 수아는 천천히 걸어 마리 옆으로 다가왔다. 어깨와 어깨가 맞닿자 서늘한 빗줄기 사이로 선명한 체온이 느껴졌다. 살아 있는 수아다.

"잘 지냈어?"
"몸이 좀 안 좋았는데, 이제는 괜찮아."
"정말?"
"정말."
"나 때문이야?"
"나 때문이야."

메아리가 돌아오는 것처럼 똑같은 말이 오고 갔다. 한참의 침묵 끝에 마리가 입을 열었다.

"나는 그날 불에 타 죽고 다시 태어났어."
"죽었다고?"
"내가 무녀 일을 제대로 못 했다고, 의무를 저버렸기 때문에 태풍이 왔다고 사람들이 날 제물로 바치려 했어. 평소에는 얼씬도 하지 않던 신당에 비바람에도 젖지 않은 장작을 고르고 골라 높이 쌓아 놓고 날 기다리더라. 도망가려 했지만 마을

재와 물거품

사람 대부분이 날 노렸고, 결국 꽁꽁 묶여 타올랐어."

담담하게 말했으나 그날의 분노와 절망이 사라진 건 아니었다. 오랜 시간이 지났지만 그때를 생각하면 몸 안에서 불꽃이 치솟을 것 같았다. 그러나 눈앞에 수아가 있었다. 행복하게 해 주고 싶었으나 자신 때문에 늘 사라지고 말았던 수아가.

"시간이 지났는데도, 이기적인 건 어쩌면 그렇게 똑같을까. 마치 그 사람들이 그대로 태어난 것처럼…. 그 남자가 너더러 무녀로서 의무를 다하라고 소리치니까 내가 무녀일 때 겪었던 일이 되풀이되는 것 같아서 견딜 수가 없었어."

그들이 죽게 내버려 둘걸. 수아는 자신의 생각에 놀랐다가 이내 마음을 가라앉혔다. 아무렴 어떤가 싶었다. 그 사람들보다 마리가 훨씬 더 중요했다. 이기적인 사람들 속에서 마리가 늘 불행했을까 걱정하며 입을 열었다.

"… 다정한 사람은 없었어?"

"있었지…. 날 보고 배고파 보인다며 아무 대가 없이 밥해 먹인 아줌마, 언니 누나 하고 좇아다니던 아이들, 춥고 외로워 보인다며 아랫목을 내어 주던 할머니…. 모든 인간을 죽이고 싶다가도, 그런 선의를 마주치면 모든 인간이 나쁜 건 아니라며 마음을 달랬어."

"그 사람들이랑 같이 있지…."

"너처럼 나 역시 늙지도 변하지도 않는 존재라

누군가가 이상함을 느끼기 전에 떠나야 해. 계속 그렇게 떠돌다가… 결국 아무에게도 마음 주지 않고 손가락 하나 까딱해서 인간을 죽이게 된 거야. 별거 아니지?"

수아는 그저 며칠 자고 일어난 것 같다고 생각했다. 시간이 얼마나 흘렀는지 가늠이 되지 않았다. 아주 오래전부터 존재했고, 사람이 없어진 뒤에도 존재할 바다를 닮은 수아는 세월의 흐름에 무뎠다. 사람들이 태어나고 죽는 건 아주 자연스러운 일이라, 서글픔을 느껴 봐야 잠시였고 또 다른 생을 지켜보거나 몇 년을 며칠처럼 잠들어 있으면 되었다. 그러나 사람으로 태어나 사람에게 죽은 마리는 자신과는 다를 터였다. 그동안 어떤 마음으로 살아왔던 걸까.

"지금은 아무렇지도 않아."

마리는 그 말을 한 뒤에 자리에서 일어났다. 불을 다루는 자신 때문에 수아가 번번이 물거품이 되어 사라지는 게 분명했다. 빛이 약해졌지만 수아가 무사한 걸 확인했으니 이제 괜찮았다. 수아 스스로 회복할 수 있을 거라 믿었다.

몸을 아프게 때리는 빗줄기를 맞으면서도 몸을 꼿꼿이 편 채 앞으로 걸어갔다. 뒤도 돌아보지 않고, 수아에게 손도 내밀지 않고. 수아는 그런 마리의 등을 보며 따라 걸었다.

그동안 파도가 어둠 속에 잠들어 있던 수아에게 별빛처럼 빛나는 마음을 하루도 빠짐없이 전해 주

재와 물거품

었다. 미움과 원망과 절망과 외로움 속에 파묻혀 빛을 모조리 잃어버린 비늘에 하나하나 애정을 달아 주었다. 마리가 바다에 고한 진심이 수아에게 닿아, 형체를 잃어 가던 수아를 깨워 주었다. 마리가 아니었으면 깨어나지도 못하고 물거품이 되어 바다로 돌아갔을 게 분명했다.

"왜 따라와?"

"네가 가니까."

"바다로 돌아가."

"싫어. 너랑 있을래. 봐, 널 위해 이것도 가져왔어."

불쑥 수아가 손을 내밀었다. 손바닥 위에 뭔가가 올려져 있었다. 왠지 모를 이끌림에 천천히 수아에게 다가가자 금이 간 옥가락지가 보였다. 한눈에 알아볼 수 있었다. 이건 선대 무녀의 옥가락지였다. 어떻게 찾았는지 모르겠다. 이것 때문에 그날 헤어지고 말았는데 무슨 마음으로 찾은 건지….

"… 아직도 날 사랑해?"

"영원히 사랑한다고 했잖아."

사랑이 도대체 무엇이길래, 단호하고 다정한 대답에 눈가가 뜨거워지는 걸까. 이미 두 번이나 수아를 물거품으로 만들었다. 같이 있는 게 문제라서, 이번에도 수아가 물거품이 되어 사라진다면? 둘 다 모든 과거를 아는 상태에서 다시 시작한 적은 없으니 앞으로는 잘될 수도 있지 않나? 절망과 희망이 각각 속삭였다.

지금 서 있는 시간이 과거인지 현재인지 미래인

지 모르겠다. 누가 우리를 긍휼히 여겨 시간을 자꾸 되돌려 주는 걸까. 아니면 이루어지면 안 될 것들이 서로 사랑하겠다고 발버둥 치는 게 재밌어서 계속 생을 반복하는 저주를 내리는 걸까. 자신 때문에 죽어 간 사람들의 원념이 절대 너희를 행복하게 만들지 않겠다고 소리치는 건 아닐까. 마리 생각에는 이 모든 게 다 자신의 탓인 것 같았다.

마리는 이번에야말로 수아를 위해 살겠다고 다짐하며 입을 열었다.

"집을… 우리 집을 지을까?"
"너랑 같이 있을 수 있으면 다 좋아."
"신당을 허물고 새로 짓자. 지우고 싶은 기억 위로 행복한 기억을 만들면 된대. 우리 행복해지자."

서로를 향해 한 걸음씩 내디뎌 손을 잡았다. 비가 쏟아지는 중에도 마리가 울먹인다는 건 알 수 있었다. 마리의 손가락이 파르르 떨렸다. 쏟아지는 울음을 참고 있는 것 같았다. 수아는 다시 한 걸음 내디뎌 마리의 입술에 입을 맞췄다.

"울어도 돼. 내가 곁에 있을게. 내가 널 지켜 줄게. 난 이미 행복해."

마리가 무너지듯 수아를 끌어안았다. 안고 싶었지만 안지 못했을 때의 마음까지 담아 세게. 심장과 심장이 맞닿고, 입술과 입술이 맞닿을 정도로.

집이 다 지어질 때까지 마리가 혼자 지내고 있던 집에 머물기로 했다. 집보다 더 큰 마당에는 꽃이

재와 물거품

가득했다. 제일 많은 건 수국이었다. 수국이 울타리처럼 집을 둘러싸고 있었다. 땅에 뿌리를 내리고 활짝 피어난, 살아 있는 꽃이.

마리와 수아는 한쪽 벽면을 채우는 커다란 창 앞에 앉았다. 마리는 녹인 초콜릿과 각종 재료가 찰랑거리는 작은 그릇을 들고 빠르고 강하게 불을 일으켰다. 그러자 한순간에 몸이 나른해질 정도로 달콤한 초콜릿 향기가 집 안 가득 퍼졌다.

"뜨거우니까 조심해."

수아에 대한 기억이 없던 마리가 수아에게 만들어 주었던 퐁당 쇼콜라였다. 작은 수저를 표면 아래로 집어넣자 걸리는 곳 하나 없이 부드럽게 들어갔다. 수저를 들자 녹진한 초콜릿이 뚝뚝 떨어졌다. 당장에라도 입에 넣고 싶었지만 보기와는 달리 뜨거운 상태라는 걸 알기에 후후 바람을 불었다. 초콜릿 바람이 마리와 수아 사이를 부드럽게 맴돌았다. 그동안 식사를 제대로 하지 않은 마리의 집에 있는 건 언젠가 만날 수아에게 만들어 주려고 늘 준비해 뒀던 퐁당 쇼콜라 재료뿐이었다. 수아가 맛있어 해서 다행이었다. 한참 동안 초콜릿 향에 빠져 있던 수아는 환하게 웃으며 말했다.

"생각해 보면 난 음식을 먹을 필요가 없잖아. 근데 이렇게 같이 앉아서 먹고 있으니까⋯ 진짜 좋다."
"정말?"
"응. 그냥, 그냥 다 좋아⋯."

수아가 수저를 들어 퐁당 쇼콜라를 떴다. 적당히

식었다 싶어 입안에 넣으니 빵처럼 익은 부분과 초콜릿이 어우러져 부드럽게 녹아내렸다. 완벽한 불 조절과 훌륭한 재료의 조합은 실패할 수가 없지. 한 스푼 한 스푼 떠먹을 때마다 퐁당 쇼콜라가 줄어들었다.

눈을 반짝거리며 먹는 수아를 보니 이번만은 다를 거라는, 강한 확신이 들었다. 비가 오고 바람이 불어도, 파도 소리가 들리지 않을 만큼 아주 잔잔할 때도 바다는 흘러오고 또 흘러가니까. 절망도 고통도 희망도 사랑도 오고 가고 또 오는 거겠지. 서로의 숨소리를 들으며 누워 있다 보면 훨씬 더 나아질 것이다.

"무지개다."

수아는 바다에서부터 비 갠 하늘로 이어진 선명한 무지개를 보며 마리의 어깨에 얼굴을 기댔다. 마리도 수아의 머리에 입을 맞추고 살며시 기댔다. 그렇게 둘은 무지개가 사라질 때까지 서로에게 기대어 가만히 앉아 있었다.

옛 신당터 앞바다에 빠져 죽은 사람에 대한 소문과 신당이 있는 언덕에서 발을 헛디뎌 굴러떨어지는 바람에 불구가 된 사람이 있다는 소문 때문에 섬 사람들은 이 근처에 얼씬도 하지 않았다. 수아는 여전한 소문에 고개를 내저었으나, 마리는 좋은 게 좋은 거 아니냐며 웃고 말았다.

새로 지은 집은 둘만의 낙원이었다. 말소리를 내

는 존재라고는 수아와 마리뿐이었고, 가만히 귀를 기울이면 파도 소리와 바람 소리가 어우러져 근사한 음악을 만들었다. 바다에서 잠을 자고 싶으면 바다로 나갔고, 책을 보고 싶으면 서재에서 읽고 싶은 걸 골라 테라스에서 책을 보았고, 서로의 무릎을 베고 누워 책 읽어 주는 소리를 들으며 눈을 감았다. 무릎 위에 있는 얼굴이 어여뻐 몇 번이고 키스하다 더 농밀해지는 일도 여러 번 있었다. 집에서 싼 간단한 도시락을 가지고 바위섬에 가서 소풍을 즐기기도 했다. 때로는 수아가 만든 물방울 침대 위에 누워 흔들리는 물결을 느끼며 낮잠을 잤다.

그러나 다시 되돌아왔다고 해서 상처가 없어진 건 아니었다. 가끔 이번에도 수아가 자신 때문에 물거품이 되면 어쩌나 하는 걱정이 마리에게 불쑥 찾아왔다. 그런 불안을 털어놓을 때마다 수아는 마리의 눈앞에서 환하게 웃으며 사랑한다고 속삭였다. 다디단 목소리가 초콜릿처럼 흘러내려 차갑게 굳어 있던 마리를 녹진하게 만들었다. 부드럽게 풀어진 마리는 수아의 뺨을 어루만지고 입을 맞췄다.

수아는 집에 들어온 이후로 한 번도 사람들을 살피지 않았다. 바다로 나가 헤엄치고 전복과 소라를 따 오기는 했어도, 사람들 앞에 모습을 드러내는 일은 없었다. 인어는 섬과 섬사람을 보살펴야 하는 존재가 아니었나? 본분을 저버린 수아가 혹시라도 어떻게 되는 건 아닐까 걱정될 정도였다.

"섬을 살펴봐야 하는 거 아니야?"

"큰일이 있는 것도 아닌데 뭐. 우리 오늘은 전복회랑 전복구이 먹을까? 내가 금방 가져올게."

"인어로 잘 지내고 있던 널… 그냥 두는 게 나았을까?"

자신의 사랑이 강요였을까 하는 의문은 차마 꺼내지 못했다. 그러나 삼킨 말마저 들었다는 듯 수아의 얼굴이 굳었다. 수아는 바닥에 앉아 마리의 발을 매만졌다. 그 옛날 혹은 일어나지 않은 미래에 그랬던 것처럼, 발가락 하나하나를 매만지고 발등을 쓰다듬고 복숭아뼈를 손바닥으로 어루만졌다.

"그렇게 따지면 마녀로 잘 살고 있는 너를 흔든 내가 먼저 잘못한 거 아닐까?"

마리가 수아의 볼을 매만지자, 수아가 그 손바닥에 얼굴을 기댔다. 살며시 얹히는 무게감이 행복했다. 자신과 수아는 서로를 사랑했을 뿐이었다. 단지… 서로의 죽음을 눈에 담고 마음에 담아 곱씹고 또 곱씹은 탓에 상대방을 발견한 순간 정신없이 몰두했던 게 문제였다. 마녀로 살아온 시간이 너무 길어, 상대를 배려하지 못했다. 자신의 방식만을 강요하지 않았더라면. 아니, 수아가 자신에게 달려올 때부터 누구인지 알았더라면….

"우리가 그때 무사히 도망갔더라면 좋았을 텐데."

마리는 내뱉고서야 무슨 말을 했는지 알아차리고 웃어 버렸다. 모든 사건이 일어나기 이전 시점에서 다시 시작하려면 도대체 시간을 얼마나 거슬러가야 하는 걸까.

재와 물거품

마리와 수아는 눈물을 닦고 상상해 보자며 재잘재잘 떠들었다. 내가 죽기 전에, 선대 무녀의 반지를 포기하고 바로 너와 함께 도망갔으면 어땠을까? 아무도 살지 않는 무인도에 너를 데려다 놓고, 내가 생선이랑 소라랑 먹을 걸 다 구해 줬을 거야. 말도 열심히 배워 네 이름을 다정히 불러 주고. 음, 몸을 누일 수 있는 작은 쪽배를 만들어 데리고 다니는 게 낫지 않을까? 신기한 거 발견하면 바로 바닷속으로 들어갈 수 있게. 뭐든지 함께하는 거지.

한참을 떠들고 나니 마음이 공허했다. 마리는 상처 없는 행복을 자신의 잘못으로 놓쳤다는 걸 새삼 깨달았다. 수아가 밝게 웃으며 마리를 달랬다.

"괜찮아. 힘든 일을 많이 겪고 행복이 뭔지 알게 돼서 지금 더 행복한 거야. 난 정말 행복해. 아주 많이."

한참을 바라보고 있으니 눈물이 흘렀다. 마리와 수아는 손과 손을 잡고, 어깨와 어깨를 맞대다가 눈을 감고 입술을 내밀었다. 바닷속에 있는 듯 조금은 짠 입맞춤이었다.

수아와 마리의 생활은 단조롭고 평온했다. 늦은 밤, 집 근처 숲에 온 아이 다섯 명이 눈에 눈물을 매단 채 근처에서 기웃거리는 걸 발견하지만 않았더라면, 언제까지나 고요했을 것이다. 어두운 숲속에 작은 손전등 하나만 믿고 들어온 겁 없는 아이들을 보니 한숨이 나왔다.

"밤에 이런 데 오면 안 돼."

"그러니까 공포 체험이죠!"

"귀신 나오는 집 어딨어요?"

"집에 가고 싶어, 집에 가자아."

한 명이 울자 다른 아이들도 따라 울었다. 한 아이만 입술을 꾹 깨물며 눈물을 참은 채 아이들을 달랬다. 도대체 이 시간에 집은 어떻게 나온 건지 모를 일이었다. 우선 아이들을 집 안으로 데리고 들어왔다.

수아가 아이들에게 물을 먹이는 동안 마리는 퐁당 쇼콜라를 만들었다. 둘 다 좋아하는 디저트라 재료가 항상 준비되어 있어 순식간에 만들 수 있었다. 퐁당 쇼콜라가 익으면서 달큰한 초콜릿 향이 거실로 퍼지자, 엄마한테 혼나면 어쩌지, 아빠한테 죽었다 속닥거리던 아이들이 순식간에 말을 멈추었다.

아이들은 한 입 먹더니 "이게 뭐야?", "수저로 떠 먹는 초콜릿이래.", "슈퍼에서 파는 초콜릿보다 훨씬 맛있어!", "이렇게 맛있는 건 처음 먹어!"라며 살아난 목소리로 떠들었다. 처음 보는 초콜릿이 맛있는지 조금씩 아껴 먹는 아이도 있었고, 누가 빼앗아 먹을까 허겁지겁 떠먹다가 혀를 데는 아이도 있었다.

더 먹고 싶다며 눈을 반짝이는 아이들에게 같은 음식을 또 만들어 주었다. 시간이 늦었지만 재촉하지 않고 아이들이 다 먹을 때까지 기다렸다가, 초콜릿이 잔뜩 묻은 아이들의 입을 하나하나 닦아 준 후

재와 물거품

다 같이 집을 나섰다. 숲을 벗어나 마을 쪽을 바라
보자 반짝이는 불빛들이 보였다. 문득 그날의 횃불
이 떠올라 몸이 굳었지만, 수아가 손등을 어루만져
주니 술렁거리던 마음이 가라앉았다. 이제 정말 괜
찮아지고 있었다.

마을에 가까워질수록 아이들의 걸음이 느려졌다.
아이들 이름을 부르며 마을 안팎을 소란스럽게 돌
아다니던 사람들의 시선이 모였다.

"너희들!"

아이들은 부모에게 혼날까 걱정됐는지 마리와
수아 뒤에 숨어 고개만 빼꼼 내밀고 있었다. 계속
숨으려고 몸을 꼼지락거리는 통에 마리가 밀릴 정
도였다. 그런데도 피하지 않고 아이들 앞을 지켜 주
는 마리의 모습이 수아의 눈에는 신기했다. 웃음이
나오려 했지만, 아이의 부모를 생각해 참았다. 마리
가 아이를 저렇게 능숙하게 대할 줄은 몰랐다. 아까
는 시끄럽다고 아이들을 죽이는 건 아닐까 싶었는
데 괜한 걱정이었다. 아이들은 마리 옆에 있으면 안
심되는지 떨어지질 않았다.

"감사합니다, 정말 감사합니다! 너 이리 안 와! 지
금 사람들이 다 너 찾으려고 한밤중에 나온 거 안
보여?"
"어휴…. 눈 퉁퉁 부은 거 봐. 도현아, 얼른 와."
"강민지! 너 단단히 혼내야겠다. 네가 애들 꼬셔
서 데려간 거지! 오늘 너희들끼리 잔다고 해서 그
러라고 했더니 갑자기 단체로 전화를 안 받아서

놀라게 만들고, 이게 무슨 짓이야!"

여기저기서 부르는 목소리에 아이들은 쭈뼛거리다가 이내 한달음에 부모 품으로 달려갔고, 남은 사람은 민지라는 아이뿐이었다. 아예 마리의 손을 꽉 잡고 있었다.

"언니들 곤란하게 하지 말고, 얼른 와. 지금 오면 매 안 들 테니까."
"지, 진짜?"
"그럼 엄청 혼낼까!"
"아니, 혼내지 마!"
"고맙습니다, 인사해야지!"
"고맙습니다!"

민지까지 엄마 품에 달려가 안겼다. 그 모습을 보고 주위에 모인 사람들도 다행이다, 이제 가서 자자, 하며 흩어지고 있었다. 손을 흔드는 아이들에게 손을 흔들고 고개를 숙여 인사하는 부모에게 같이 고개를 숙인 후 집으로 향했다.

"저렇게 작고 보드라운 존재가 쑥쑥 자라서 어른이 된다니, 아이들은 참 신기해. 너한테도 어릴 때가 있었지?"
"있긴 있었지. 날 낳아 준 무녀를 엄마라고 부를 수 없었고, 저렇게 끌어안고 어리광을 부릴 수도 없었지만…."
"그럼 엄마라고 부른 적 없어?"
"마음속으로만 아주 가끔."
"그래서 유품인 옥가락지를 가지러 갔었구나….

재와 물거품

내가 잘 찾은 거네."

"응, 정말 고마워. 내겐 수아뿐이야."

"나도! 마리밖에 없어!"

수아와 함께 이렇게 평온하고 다정한 시간 속에 있기 위해 슬픔과 시련과 역경을 겪어야만 했다면 지난 일들도 괴롭고 헛되지만은 않았던 셈이다. 그러니까 지금 아주 많이 행복했다.

날이 밝자 민지와 민지의 부모님이 대표로 와서 각종 생선과 소라, 전복, 문어를 전해 주었다. 한사코 거절하려고 했더니 바닥에 내려놓고 재빨리 가 버리는 바람에 받을 수밖에 없었다. 사람들과 가까워지지 않으려 했는데, 아이를 무사히 데려다준 이에게 감사 인사를 하려는 부모의 마음을 뿌리칠 수가 없었다.

천진한 아이들은 학교에 갔다 온 뒤 솔잎을 머리에 꽂고 나는 소나무 요정이다 소리를 치며 마리와 수아의 집 근처로 달려오더니 무궁화 꽃이 피었습니다와 얼음 땡, 말뚝박기를 번갈아 하며 놀았다.

창문을 열어 놓으면 바람을 타고 아이들의 웃음소리가 와르르 쏟아졌다. 그 소리를 들으며 마리는 커피를, 수아는 와인을 마셨다.

바깥이 조용해져서 창문 밖을 바라보면 땀에 젖은 얼굴들이 창문에 대롱대롱 매달려 있었다. 목도 마르고 화장실도 가고 싶을 텐데, 차마 말은 못 하고 가만히 보고 있는 모습에 웃음이 나와서 들어오라고 불렀다. 아이들은 감사합니다 소리치며 벌겋게 달아오른 얼굴로 시원한 물을 벌컥벌컥 마셨고, 화장실 깨끗하게 쓸게요 하며 자기들끼리 줄을 서 순서대로 들어갔다. 마지막 아이까지 다 나온 다음에도 아이들은 집 밖으로 나가지 않고 우물쭈물했다.

아무래도 어제 먹었던 게 생각나는 듯해 이번에는 컵에 수아가 바로 얼린 우유 얼음을 담고 각종 냉동 과일을 올려 빙수를 만들었다. 그러자 아이들이 와아 소리를 지르며 순식간에 컵을 비웠다. 아이들은 이내 민지의 "나가자!"라는 말을 신호 삼아 다시 우르르 밖으로 나가 신나게 뛰어놀았다.

"아이들에게 잘해 주네."

"아이니까. 이때 잘 알려 주고 잘 대해 주면 좋은 어른으로 자랄 확률이 높더라고."

둘만의 낙원도 좋았지만, 타인의 싱그러운 웃음소리가 들리는 집도 괜찮았다. 아이들은 하루가 멀다 하고 찾아왔고, 마리와 수아는 그때마다 간식과 음료를 만들어 주었다. 그 사실을 알게 된 부모들이 고맙고 미안하다며 반찬이나 생선을 챙겨 인사 오는 게 나쁘지 않았다.

문제는 주제도 모르는 인간들이었다. 아이에게 다정하게 대해 주는 어린 아가씨 둘이라니. 옛 신당 자리에 사는 게 꺼림칙하기는 했지만 어차피 다 허물고 새로 지은 건물에서 별문제 없이 살고 있으니 괜찮을 것 같았는지, 돈도 많고 얼굴도 예쁘고 마음도 착한 아가씨들을 향한 관심과 오지랖이 쌓이고

재와 물거품

있었다.

다 큰 아들내미, 늦둥이 동생, 손주 녀석, 혹은 옆집의 노총각 등등을 장가보낼 수 있을지도 모른다고 생각하는 사람도 꽤 있었다. 본인 정도면 얼굴도 되고 몸도 되고 생활력도 되니 잘 어울리지 않을까 생각하는 사람도 적지 않았다. 무슨 일을 하는지, 낚시꾼만 오고 가는 섬에 왜 집을 짓고 아가씨 둘이서 사는지는 모르겠으나, 괜찮은 집안의 딸들로 보이니 박력 있게 밀어붙여서 잘되면 나쁘지 않을 거라 생각한 이들이 매일같이 마리와 수아의 집 근처를 기웃거렸다.

마리의 단호한 거절에 버럭버럭 화를 내며 다시는 오지 않는 작자들, 예의 바르게 수긍하고 돌아선 이들은 차라리 괜찮았다. 끈질기게 집에 찾아와 대화하자고 성화를 부리는 인간들 탓에 결국 여긴 사유지이며 침범하면 법대로 하겠다는 선언을 할 수밖에 없었다. 작은 섬에서 정말 그렇게까지 하겠느냐며 계속 울타리를 넘나들던 한 명이 경찰 조사를 받은 후에야 사람들은 독하다, 독해 투덜거리며 물러났다.

순진무구하며 선의로 가득 차 있는 수아였다면 마리에게 너무한 거 아니냐고 살짝 나무란 뒤 다가오는 사람들에게 살가운 인사를 건네며 대화를 했겠지만, 지금의 수아는 그러지 않았다. 바다는 판단하지 않아도, 수아는 생각할 수 있었다. 평화로운 시간을 방해하는 인간들이 늘어날수록 바다의 수온이 서서히 올라가는 것처럼 인간에 대한 미움이 수아의 마음 한구석에서 끓어오르고 있었다.

그러던 어느 날이었다. 밤에 울고 있는 아이를 보살펴 주니까 본인도 그렇게 대할 줄 알았던지, 술에 취한 남자 두 명이 밤에 찾아왔다. 허리까지 오는 울타리야 있으나 마나이긴 했지만, 울타리를 넘어 현관문을 쾅쾅 두드리는 소리에 마리와 수아는 깜짝 놀라고 말았다.

"같이 술 한잔하자! 같이 마셔야 더 맛있지!"

육지에 있는 사람에게 부탁해 수아가 좋아하는 와인과 먹어 본 적 없는 전통주, 과실주를 가득 받아 오는 걸 봤나 보다. 남자는 문을 두드리며 좋은 게 있으면 같이 나눠 먹어야지 정이 없다느니, 예의도 모른다느니 한참 동안 큰 소리로 떠들었다.

"불 켜진 거 다 보이는데 사람 무시해? 어? 확 창문 깨 버릴까?"
"형님, 집에 갑시다. 더 어두워지면 가다가 넘어져요."
"깜깜해지면 여기서 자고 가면 되지!"
"여자애들 둘이 사는데 무슨 소리 하는 거예요. 자자, 갑시다. 미안합니다. 형님이 술에 취해서 말려도 말을 안 들어서 여기까지 왔네요. 미안합니다!"
"으이씨, 놔아, 자고 갈 거야!"
"예, 예, 가서 잡시다. 오늘 우리 집에서 한잔 더 하고 잡시다."

재와 물거품

목소리가 점점 멀어지자 집 안을 환하게 밝혔던 불꽃이 사라졌다. 수아는 아까부터 아무런 말도 못 하고 있었다. 방금 전까지 만취해서 행패 부리던 사람은 광식 아저씨였다. 시간을 거슬러 오기 전에는 수아네 집 보일러도 고쳐 주고 반찬도 가져다주던 친절한 사람이었다. 같이 온 아저씨가 말리지 않았다면? 정말로 창문을 깼다면? 그때는 어떻게 해야 했을까. 상상만 해도 두려운 상황에 온몸이 떨렸다.

뭐가 문제인 걸까. 자신들이 외지인이라서? 겉모습이 어린 아가씨라서? 아니면 원래 저런 사람이었나? 술 때문인가?

"지금 죽여 버리는 게 낫지 않을까? 또 저러면 어떡해?"

"수아야…?"

"저렇게 형편없는 사람인 줄 몰랐어."

"… 처음이니까 그냥 보내 주자. 내가 지켜 줄 테니까 걱정하지 마."

마리는 이런 악의들과 싸워 온 걸까? 죽어 마땅한 인간들이라는 말을 단호하게 내뱉던 모습이 떠올랐다. 저런 사람을 몇 명이나 겪었을까. 어린, 여자. 이게 얼마나 큰 벽인지 새삼 깨달았다. 예전의 자신은 어떻게 섬에 스며들 수 있었던 거지? 마리에게 사람을 망설이지 않고 죽이는 단호함과 죽일 수 있는 힘이 있어 다행이었다.

조용해진 집 안에 술 따르는 소리가 들렸다. 마리는 안주를 만들어 주려고 했지만 수아가 옆에 있어 달라고 해 가만히 앉아 수아의 손을 잡았다.

"헛소리를 할 거면 술을 마시지 말든가. 이해할 수가 없어."

수아는 와인 잔에 가득 채운 술을 단숨에 마시고도 한 잔을 더 따라 마셨다. 인어라 그런 건지, 수아는 술을 아무리 마셔도 취하지 않았다.

"술에 취하면 이해할 수 있을 것 같아?"
"아니. 이해 못 할 것 같아. 이해하고 싶지도 않고. 내가 알던 아저씨가 아닌 것 같아. 원래 저런 사람이었던 걸까?"

알 수 없는 일이었다. 인간으로 태어나 인간으로 죽고, 마녀로 다시 살아나 오랜 시간을 살아온 마리에게도 인간을 전부 이해하는 건 어려운 일이었기에, 대답하지 못한 채 빈 잔에 술을 따라 줄 뿐이었다. 수아를 슬프게 하는 자를 남몰래 죽여 버릴까 싶다가도, 수아의 평소답지 않은 모습 때문에 사람을 함부로 죽이면 안 될 것 같았다. 마리는 식은 커피를 살짝 데워 마시며 수아와 함께 밤바다를 하염없이 바라보았다.

날이 밝았는데도 고요했다. 혹시라도 광식 아저씨가 사과하러 오는 건 아닐까 기대했던 모양인지 시간이 갈수록 수아가 한숨을 깊게 내뱉었다. 정오가 지나고 나서야 포기한 눈치였다. TV에서 술 마신 다음 날 해장하는 장면을 보더니 따라 하고 싶었는지 콩나물국을 끓여 달라고 졸랐다. 장 보러 가는

재와 물거품

김에 아이들에게 만들어 줄 요리 재료도 사려고 바퀴가 달린 장바구니를 끌고 나왔다.

제일 중요한 콩나물을 먼저 사고 밀가루, 부침가루를 산 다음 청과 가게에 가서 감자, 사과, 복숭아, 수박을 골랐다.

"아이고 아가씨들, 과일 사러 왔어? 집에 박혀 있지 말고 나와서 콧바람도 쐬고 장도 보고 그래! 아가씨들 보면서 애면글면 마음 졸이는 총각들이 얼마나 많은데, 너무 거절만 하지 말고. 그런데 무슨 과일을 이렇게 많이 사? 아가씨 둘 말고 숨겨 놓은 남자라도 있는 거야? 농담이야, 농담! 아가씨들 먹여 살리려면 미래의 남편이 고생 좀 하겠네. 아직 결혼 안 한 거 맞지? 요즘에는 다들 어리게 생겨서 몇 살인지 모르겠다니까. 그러고 보니 섬에 산 지 꽤 됐는데도 아가씨들에 대해서 제대로 아는 게 없네. 이름이랑 나이가 어떻게 돼? 애인은 있고?"

"……."

"낯을 가리나 대답도 안 하네…. 그렇게 말도 못해서야 둘이 어떻게 살려고 그래! 뭐든 힘든 일 있으면 말해. 내가 이장님이나 청년회장한테 말해서 도와줄게."

변하지 않는 사람도 있었다. 전에도 수아, 마리와 섬 총각을 이어 주려 안달복달하더니, 지금도 만나기만 하면 남자 이야기부터 한다. 그 점이 재미있어서 웃음을 터뜨리자, 자신이 하는 말에 흥미가 있어서 웃었다고 생각하는지 마주 웃으면서 저 집 총각은 부모를 끔찍이 생각하는 효자고, 파란 지붕 집 아들은 얼굴이 멀끔하게 생겼고, 하며 계산하는 내내 섬에 있는 총각들을 설명했다.

마리는 가게 밖으로 나가고 싶었으나, 수아가 웃으며 주인의 말을 들어 주고 있어 과일만 뚫어져라 구경했다.

"괜찮아요. 저 남자한테 관심 없어요."

"으응? 아직 나이가 어려서 그런 거야?"

"아니요. 얘가 제 애인이라서요. 안녕히 계세요."

사장의 얼빠진 얼굴이 유쾌했다. 마리가 크게 웃은 후 거스름돈은 됐다고 하자, 사장은 계속 얼이 빠져 있었음에도 착실하게 돈을 챙겼다. 마리와 수아는 장바구니에 과일을 담아 사이좋게 한 손씩 나눠 잡고 끌었다.

집으로 돌아와서 작은 유리병을 끓는 물로 소독하고 잘 말렸다. 수아가 허공에 만든 커다란 물방울 안에 과일들을 집어넣고 박박 씻은 후 사이좋게 앉아서 썬 다음 냄비에 담았다. 과일에 설탕과 레몬즙을 같이 넣은 냄비를 향해 마리가 손가락을 까딱하자 냄비 속 재료들이 저절로 끓어올랐다. 설탕이 순식간에 녹아내리며 사과가 흐물흐물해졌다. 마리가 눌어붙지 않도록 냄비 안을 주걱으로 저어 주는 동안 수아는 우유와 블루베리를 믹서기로 갈았다. 믹서기 용기를 손가락으로 톡톡 쳐 순식간에 아이스크림을 만든 다음 불 앞에 있는 마리에게 한 입 먹여 주고 자신도 한 입 번갈아 먹었다.

재와 물거품

온종일 과일을 씻고 다듬고 끓인 덕분에 잼병이 오밀조밀 생겨났다. 사과 잼, 블루베리 잼, 복숭아 잼병까지. 내일은 식빵을 만들기로 했다. 직접 만든 빵에 직접 만든 잼을 발라 먹을 생각을 하니 기분이 좋은지, 옆에서 수아가 콧노래를 부르고 있었다.

"아이들이 오늘 안 왔으니까 내일은 놀러 오겠지?"

"난 수아가 맛있게 먹는 게 더 좋은데."

"그럴까? 재료 다듬는 거 조금 귀찮은데 우리끼리만 먹을까? 나 너무 욕심쟁이야?"

"욕심쟁이면 어때."

킥킥거리며 웃는 수아를 따라 웃었다. 얼른 내일을 맞아 따끈따끈한 식빵을 수아에게 먹여 주고 싶었다.

며칠째 아이들이 오지 않았다. 마리야 별 상관없었다. 아이들을 잘 돌보기는 했지만 아이들이 하루도 빠짐없이 놀러 오는 바람에 둘만의 시간을 보내기가 어려웠던 것을 아쉬워하던 차였다. 해가 떠 있는 동안에는 바다에 가지도 못했다. 바닷속을 노니는 수아를 달 아래에서만이 아니라 태양 아래에서도 보고 싶었다. 달빛을 비추는 비늘도 아름답지만 햇빛을 받은 비늘은 또 얼마나 아름다운지. 며칠 못 보았다고 벌써 그리웠다.

그러나 수아는 아이들의 천진난만함을 그리워하는 것 같았다. 왜 아이들이 오지 않을까 하고 한숨을 몇 번이나 쉬는지 모를 지경이었다. 하루하루 지날수록 안색도 나빠지는 게 걱정될 정도라, 마리는 결국 입을 열 수밖에 없었다.

"나랑 사귄다고 해서 그래."

"그게 왜?"

"계속 남자와 엮어 주려고 했잖아. 인간은 남자와 여자가 만나지 않으면 이상하게 생각하거든."

"되게 이상하다. 민지는 커서 지연이랑 결혼할 거라고 노래를 부르던데."

"어리니까 멋모르고 하는 소리라고 무시하는 거지."

"어른인데 더 모르는 거 같아."

한숨을 푹 내쉰 수아는 산책 삼아 설렁설렁 마을을 둘러보자며 외출 준비를 했다. 일어나기는 했지만 마리는 걱정이 됐다. 인간들은 이기적이기 때문에 상대방이 자신을 위하고 수그릴수록 더더욱 많은 것을 원했다. 간혹 만나는 선한 이들이 아니었으면 그날의 기분에 따라 망설임 없이 사람을 태워 버렸을 거다.

수아를 기억하지 못하던 시절, 땅에 발을 붙이고 살아가기 위해 몇 번 인간에게 잘해 주고 돈을 쥐여 줬더니 인간들은 그걸로 도리어 이쪽의 목을 치려고 했다. 그들은 더 많은 돈을 가지고 싶어 했고, 권력을 독차지하고 싶어 하기도 했다. 또한 자신을 욕망해서 영원히 사랑하겠다느니, 충성을 바치겠다느니, 심복이 되겠다느니, 눈을 빛내며 맹세했다. 물론 그것들의 끝은 한 줌도 안 되는 재였지만.

수아는 그런 것들과는 달랐다. 과거에도 현재에

도 다시 자신의 옆으로 되돌아와 사랑한다고 속삭이며 끊임없이 영원을 노래하고 있었다. 영원의 무게를 알기 때문에, 수아와 같이 있는 하루하루가 소중했다. 그래서 수아의 마음이 다치지 않기를 바랐다.

마리와 수아는 어느새 섬의 유명인사가 되어 있었다. 신기한 생물을 보듯 호기심 넘치는 눈동자가, 미간을 잔뜩 찌푸린 채 눈을 떼지 않는 혐오가, 근처에도 있기 싫다는 듯 방향을 바꾸는 발걸음이 담벼락 너머에서, 문틈 사이로, 전봇대 뒤에서, 거리에서, 가게에서, 집에서 불꽃처럼 타올랐다. 저 멀리서 민지가 손을 흔들며 이쪽으로 달려오려다가 다른 사람에게 팔을 붙잡히는 모습을 보았다. 전염병에 걸린 것도 아닌데 사람들이 가까이 오지 않았다.

수아는 급격하게 변한 섬사람들의 반응을 피부로 느끼고 표정을 굳혔다. 그러다가 생선 가게에 들어가더니 생선을 보지도 않고 제일 비싼 걸 달라고 했다. 수아를 내쫓으려 했던 사장은 어물거리며 뭐 만들어 먹을 거냐고 물어 왔다.

청과 가게 사장도 마찬가지였다. 어떻게 저런 것들이 우리 가게에 들어올 수 있냐는 듯 경멸 어린 눈빛으로 마리와 수아를 예의주시하다가, 며칠 전에 주문했지만 비싸서 팔리지 않았던 샤인머스캣을 수아가 떡 하니 고르자 떨떠름한 웃음을 지으며 응대했다. 그리고 마리와 수아가 가게를 나서자 옆 가게 사장에게 욕을 했다. 드문드문 들리는 험한 말에 수아가 화를 내며 말했다.

"우리한테 받은 돈으로 맛있는 거 사 먹을 거면서, 웃기지도 않아. 어떻게 저럴 수 있지?"

"여기에서 태어나고 자랐으니까. 바다에 아주 작은 조약돌을 던진 건데, 작은 웅덩이에 커다란 바위가 떨어진 것처럼 구는 거야."

시간은 지났어도 옛날과 다를 게 없었다. 끝이 보이지 않는 바다를 사방에 두었지만 답답하게 고여 있는 곳. 건넛집에 무슨 일이 있는지, 남편이 아내를 몇 시간 동안 때렸는지, 다음 날만 되어도 모든 이들이 알게 되는 곳. 이웃이 안 좋은 일을 겪고 있다는 걸 알아도 아무도 문을 열고 나와 도와주지 않는 작은 섬.

"당분간 집에 있자. 잠잠해질 때까지만."

"죽어 마땅한 인간이란 저런 사람들이 아닐까?"

마리가 수아의 말을 듣고 어떤 대답을 해야 하나 고민하고 있을 때 한 노인이 지팡이에 의지한 채 천천히 다가왔다. 비켜서려고 했더니 웃으면서 이리 가까이 오라고 손짓했다. 이번에는 무슨 소리를 들으려나. 수아는 다가가기 싫은 눈치였으나, 머리가 하얗게 세고 얼굴에 주름이 가득한 할머니를 무시할 수 없었는지 마리의 손을 꽉 잡은 채 노인 앞에 섰다. 그러자 노인이 웃으며 주머니에서 꼬깃꼬깃 접은 만 원짜리 지폐 두 장을 꺼내 마리와 수아의 손에 각각 쥐여 주었다.

"이게 무슨…."

재와 물거품

"우리 강아지들, 마음 많이 상했지? 내가 대신 사과할게. 미안해. 사람들한테는 한 소리 해 놓을 테니까, 다음에 와서 맛있는 거 사 먹어. 알았지?"

"괜찮아요."

"할미가 주는 용돈이야. 감사합니다, 하고 받아. 응? 어여 받아."

"… 감사합니다."

"그래그래. 조심히 들어가."

노인은 인자한 얼굴로 둘의 손등을 쓰다듬고는 다시 앞으로 걸어갔다.

"이것들아, 여기 구경났어? 일 봐!"

우렁우렁한 노인의 목소리에 멈춰 서서 이쪽을 구경하던 사람들이 후다닥 흩어졌다. 마리와 수아는 천천히 멀어지는 노인의 등을 바라보다가 발걸음을 옮겼다.

"세상은 다정한 사람들 덕분에 유지되고 있는 게 분명해."

그렇게 말하는 수아의 얼굴이 부드럽게 풀려 있었다. 노인에게 받은 용돈으로 뭘 살지 고민하며 집으로 돌아가는 길은 나쁘지 않았다.

커다란 액자 같은 창 너머로 파도가 치는 풍경은 매일매일 봐도 질리지 않았다. 마리는 섬이라면 지긋지긋했지만, 바다만 보면 마음이 평온해지고 고요해지니 그렇게 바다를 멀리했는데도 자신은 영

락없는 바닷사람이라는 생각이 들었다.

둘만 있는 동안 책을 읽고 영화를 보고 음악을 들었다. 보드게임도 하고 고스톱도 쳤다. 파스타를 만들고 떡볶이를 만들었다. 음식 재료가 다 떨어지면 바다로 나가 먹을 걸 구해 왔다. 그림을 그리고 사진을 찍었다. 바다와 구름과 바위섬과 갈매기와 조약돌과 수국과 수국 속에 있는 수아를 찍었다. 물결처럼 일렁거리는 꽃잎 속에서 환히 웃고 있는 수아와 마리의 사진이 벽에 걸렸다.

수아는 승부욕이 있었지만 게임을 잘하지 못했고, 마리는 승부욕이 없었으나 게임을 잘했다. 수아가 게임을 이렇게 좋아하는 줄 마리는 미처 몰랐다. 수아는 레벨 업을 하고 아이템을 먹고 퀘스트를 깨면 두 손을 번쩍 들며 "해냈다!" 하고 소리를 질렀다. 진도가 막히거나 자꾸 죽으면 마리에게 컨트롤러를 건네줬다.

마리는 전에 잔뜩 사 둔 밀가루를 열심히 반죽하다가 수아의 부름에 손도 닦지 못한 채 게임기 앞으로 갔다. 수아는 물로 재빨리 밀가루를 닦아 준 뒤 "얼른 깨 줘!"라며 노래를 불렀고 마리는 고개를 절레절레 내저으면서도 자리에 앉아 수아가 막힌다고 한 부분을 순식간에 해결했다. 클리어한 화면을 배경으로 사진을 찍어 달라고 해서 사진을 찍어 주었다. 이 사진 또한 벽에 걸렸다.

만개하는 꽃과 시들어 가는 꽃을 찍고, 어제보다 더 물결치는 파도를 찍었다. 수아가 꽃에 호스로 물

재와 물거품

을 주다가 허공에 생긴 무지개를 찍겠다며 소란을 피우는 바람에 카메라가 젖었다. 어떻게 해야 하나 서로 멀뚱멀뚱 바라보기만 하다가 결국 깔깔 웃어 넘겼다. 고요하고 평온한 시간들이었다. 마리의 한과 수아의 서글픔이 조약돌처럼 동글동글 깎여 가던 중에 누군가 현관문을 거칠게 두드리며 말했다.

"저기, 문 열어 봐."
"누구세요?"
"나야, 나!"
"누군지 모르겠는데요."
"큼, 나 저번에 술 먹고 흠흠, 왔었던 사람인데 얼굴 보고 이야기하게 문 열어 봐."

한낮이고 목소리가 명료해서, 날짜가 좀 지나긴 했지만 멀쩡한 정신으로 사과하러 온 줄 알았다. 수아가 반가워할 거라 생각했는데 얼굴을 보니 짜증이 묻어 있었다. 마리가 나서기도 전에 수아가 문 앞에 섰다.

"거기서 말씀하세요."
"거참, 사람 진짜 이상하게 만드네. 대화 좀 하게 문 열라니까!"
"사과를 하러 왔으면 곱게 하고 가지 집 앞에서 소란을 떨어야 하나?"
"어디서 배운 버르장머리야, 어? 새파랗게 어린 게 어디서 반말을 찍찍 하냐고!"
"너도 하는데 나는 왜 안 돼? 사과받은 거로 칠 테니까 그냥 가."
"시발년이!"

아까부터 현관문에 몇 번이나 발길질을 하는 건지 모르겠다. 수아의 눈빛이 점점 더 매서워지고 있었다. 금방이라도 문을 열고 나가 남자에게 따질 듯해 수아를 말리려고 했으나, 순간 수아의 손이 투명하게 변해서 그럴 수가 없었다. 마리는 떨리는 입술을 깨물며 다시 돌아온 수아의 손을 잡았다. 부드러운 피부와 단단한 뼈가 느껴졌다. 이 손을 놓거나, 남자가 죽어 사라지는 걸 눈앞에서 보여 주면 위태로운 상태인 수아에게 무슨 일이 생길지도 모른다고 생각했다. 마리는 남자를 없애는 대신 112에 신고했다. 경찰은 신고 내용을 믿을 수가 없다는 듯 "무슨 일이라고요?", "어디라고요?", "누가 그랬다고요?"를 몇 번이나 반복하다가 수화기 너머에서 쾅쾅거리는 소리를 듣고서야 곧 가겠다며 전화를 끊었다.

"너희 둘 사귄다는 거 거짓말이지? 내가 싫어서 거절하려고 그런 말 한 거 맞지? 여자끼리 어떻게 사귀어? 그러다 천벌 받아! 거짓말해도 천벌받고!"

"경찰에 신고했습니다. 일 더 크게 만들지 말고 그냥 돌아가시면 없던 일로 하겠습니다."

"마리야!"

"경찰? 이깟 일로 신고를 해? 오냐, 내가 다 박살을 낸다!"

온몸의 무게를 실어서 발길질을 하는 모양이었다. 한 번 찰 때마다 현관문이 움푹 들어갔다. 욕을 하는 건지, 애원을 하는 건지. 한 번의 발길질에 시

재와 물거품

발년이라고 욕을 하고 또 한 번의 발길질에 문 좀
열라고 성화였다.

그렇게 해도 성이 차지 않았는지 마당에 있던 커
다란 돌을 줍는 모습이 창문으로 보였다. 술을 안
마신 줄 알았는데 얼굴이 불콰한 걸 보니 술에 취한
것 같았다. 혹은 분노에 취했거나. 남자는 돌을 들
어 올리고는 눈을 부라리며 창문을 향해 집어 던졌
다. 마리가 재빨리 수아를 등 뒤로 보냈다. 산산조
각 난 유리창이 발밑으로 흩어졌다.

뒤늦게 경찰과 몇몇 사람들이 헐레벌떡 달려왔
다. 던질 물건을 찾아 바닥에 고개를 처박고 있던
남자는 기어코 마리를 향해 돌멩이를 한 번 더 던지
고서야 사람들의 만류에 앞으로 넘어져서 벌레처
럼 버둥거렸다. 우그러진 문과 깨진 창문을 보고 사
람들이 놀라서 어쩔 줄 몰라 하는 사이, 수아는 마
리를 살폈다.

"마리야, 괜찮아? 다친 곳은 없어?"
"너는, 너는 괜찮아? 이상한 데는 없어?"
"네가 막아 줘서 난 괜찮아. 너야말로 위험하게
왜 그걸 막고 있어."
"몸이 먼저 나갔어. 둘 다 괜찮으니 다행이야."
"신고하지 말 걸 그랬나 봐. 저런 인간은 죽여 버
려야 하는데."

정말 안타깝다는 듯이 말하는 수아를 보며 마리
는 얼음을 삼킨 듯한 느낌에 전율했다. 섬을 사랑하
고 사람을 아끼던 인어는… 모든 사랑을 마리에게

쏟아붓고 있었다. 유리 조각이 사방으로 흩어져 맨발로 디딜 수 있는 곳이 없었다. 다치는 걸 각오하지 않는 한, 언제까지나 제자리에 멀거니 서 있어야 할 것 같았다.

소식을 듣고 민지와 지연이, 민지 엄마와 지연 엄마가 달려왔다. 수아는 그동안 보이지 않던 아이들이 오니 반가워하면서도 어른들이 왜 왔나 의아해하는 눈치였다. 엄마들은 마리와 수아에게 현관에 있던 신발을 건네주고 집 밖으로 나가게 한 다음, 집 안을 청소하기 시작했다.

"저희가 할게요. 괜찮아요."
"많이 놀랐을 텐데 우리가 해 줄게요. 거실이 휑해서 금방 끝나겠네."
"그동안 미안해요. 아가씨들이 저번에 마을에 내려왔을 때도 아는 척 못 하고…. 필남 할머니한테 엄청 혼났다니까."
"그제야 정신이 번쩍 들었지 뭐예요. 먹고살기 바빠서 애들을 제대로 못 봤는데, 아가씨들이 집 주변에서 애들이 마음껏 놀 수 있게 허락해 주고, 귀찮을 텐데 같이 놀아도 주고, 먹을 것도 만들어 주고…. 민지가 집에 와서는 언니네 집에서 뭐 먹었다, 무슨 맛이었다, 내일은 뭐 해 준다고 했다, 같이 그림 그렸다 얼마나 즐겁게 이야기를 하던지. 정말 고마워요."

장갑을 끼고 유리 조각을 치우고, 걸레로 바닥을 훔치는 엄마들을 본 수아가 입을 열었다.

재와 물거품

"마리는 애들 좀 봐. 저도 할래요!"

언제 매서웠냐는 듯이 경쾌한 발걸음으로 집 안에 들어가 엄마들을 따라 서툴게 걸레질을 하는 수아를 보며 마리는 세상에 선한 사람들이 더 많아지기를 바랐다.

"청소하는 동안 슈퍼에 가서 뭐 살까? 먹고 싶은 거 있어?"
"그럼, 그럼 피자 만들 수 있어요?"
"돈가스는요? 냉동 말고 진짜 돈가스!"
"다 만들어 줄게. 가자."

양쪽에서 손을 잡고 흔드는 아이들이 좋은 어른으로 자라난다면 기쁠 것이다. 마리는 아이들과 보폭을 맞춰 천천히 걸었다.

이제 상황이 바뀌었다. 경찰은 같은 섬사람끼리 얼굴 붉히지 말자며 부드럽게 넘어가려고 했으나, 수아는 절대 넘어갈 수 없다고 했다. 광식은 자존심을 세우는 건지 법대로 하자는 입장을 분명히 밝혔다. 명예훼손이니, 무고죄니 들먹이며 맞고소할 거라고 씩씩거리기까지 했다.

광식과 친한 사람들은 수아와 마리에게 독하다욕을 하면서도 둘의 마음을 돌리기 위해 애썼다. 이기회에 얼굴도장을 찍겠다는 건지, 광식의 이웃이라는 여자가 나이를 잔뜩 먹은 아들내미와 함께 반찬을 들고 오기도 하고, 한낮에도 술 냄새를 풀풀풍기는 할아버지가 이 작은 섬에서 분란을 일으키면 어쩌냐며 훈계하기도 했다. 마리보다 마음이 약해 보이는 수아에게 울면서 다가가 광식이가 마누라 도망간 뒤로 홧김에 저러는 것 같다고 말하는 사람도 있었다. 수아에게 마음이 있었는데 고백도 못하고 거절당한 충격을 이기지 못해 그런 것이니 봐 달라는 뻔뻔한 얘기는 우습지도 않았다.

수아가 "죽이는 게 낫지 않을까?"라는 말을 종종 꺼내면서도 정말로 죽이자고 하지 않은 건, 마을에는 좋은 사람들도 많기 때문이었다. 무서웠겠다 하며 위로해 주는 아주머니, 저 사람이 평소에는 저러지 않는데 머리끝까지 취하면 개가 된다며 옹호하는지 위로하는지 모를 말을 건네는 아저씨, 외진 곳에서 지내기 무서우면 당분간 자기 집에서 지내라는 필남 할머니, 기운 내라며 문구점에서 산 사탕이나 초콜릿, 젤리를 손에 쥐고 달려온 아이들…. 얼마나 꽉 쥐었던 건지 반쯤 녹아내린 군것질거리를 그대로 받아 나눠 먹으며 아이들 머리를 몇 번이고 쓰다듬었다.

"이제 그만 합의해 줄까?"

"죽이지 못하면 처벌이라도 받게 해야 다시는 그런 짓 안 하지."

점점 인간에 대한 애정을 잃어 가는 수아가 걱정되었지만, 마리는 아무 말도 하지 않은 채 수아를 끌어안았다. 품 안의 온기는 아직 생생했다.

단호했던 수아를 흔들어 놓은 사람은 광식의 여동생이었다. 생기 없이 퀭한 얼굴을 한 여자는 더위에 칭얼거리는 아기를 어르고 달래며 마리와 수아 앞에서 저자세로 인사했다.

수아는 코앞에 있는 아기에게 호기심과 사랑스러 움을 느꼈다. 소리치고 뛰고 넘어지고 노래 부르는 아이들보다 훨씬 작은 사람. 악의를 가지고 있거나 남을 이용하려고 하는 사람조차 처음에는 혼자선 아무것도 못 하는 아기였을 거라는 생각이 들었다.

"아기 손 만져 봐도 돼요?"
"그럼요."

수아가 자신의 손바닥보다 더 작은 아기 손에 손 가락을 얹자, 아기는 나름대로의 힘으로 억세게 손 가락을 잡았다. 그것은 기이한 온기였다. 지켜 주고 싶다, 보살펴 주고 싶다, 사랑해 주고 싶다. 작고 여 린 생명은 인어가 잃어 가고 있던 마음을 불러일으 켰다.

아기 엄마는 푸석푸석한 얼굴로 땀을 뻘뻘 흘리 고 있었다. 그러면서도 애써 웃으며 수아와 마리의 마음에 들기 위해 노력했다.

"오빠가 요즘 일도 잘 안되고, 외국에서 데려온 새언니가 도망을 가서 충격을 받았거든요. 돈도 많이 썼는데…. 그래서 당장 집수리비를 드릴 수 가 없어요. 안 드리겠다는 말은 아니고 꼭꼭 갚을 건데 조금만 시간을 주시면 안 될까요? 합의금도 조금만 깎아 주시면…. 부탁드릴게요."

더위에 발갛게 달아오른 뺨과 지친 눈동자를 보 았다. 본인은 사과하지 않겠다며 버티고 있는데 왜 주변 사람들이 나서는 걸까. 무슨 말을 들었기에 이 더위에 아기를 안고 여기까지 온 걸까.

햇볕은 뜨겁다 못해 따가웠고, 바다에서 불어오는 바람은 소금기를 머금어 피부에 달라붙었다. 인간은 연약하고, 아기는 더 연약할 것이다. 햇볕 아래 달아오른 아기 얼굴을 보며 수아는 아무 말 없이 고개를 끄덕였다. 마리는 작은 병에 담긴 레몬청을 가져와 아이 엄마에게 건네주었다. 아이 엄마는 미안한 부탁을 하러 왔는데 오히려 선물을 받게 되자 당황하다가 눈가에 눈물을 매달고 감사하다며 인사했다.

아이의 칭얼거리는 소리가 점점 멀어졌다. 나무 그늘 사이를 천천히 걸어가는 여자의 뒷모습이 보였다. 발을 땅에서 떨어뜨리는 것도 힘에 부치는지 슬리퍼를 질질 끌며 걷고 있었다. 아기가 이쪽을 보고 있는지는 알 수 없었지만, 수아는 손을 뻗어 인사하며 약간의 생명력을 불어넣어 주었다.

나쁜 인간은 되지 말기를.

강력한 태풍이 오고 있다고 했다. 그 영향인지 많은 비가 쏟아져, 아침인데도 어두컴컴했다. 마리가 일정한 박자를 타며 애호박과 김치를 썰어 호박전과 김치전 반죽을 만드는 동안 수아는 오징어를 씻어 마리에게 넘기고 수박을 잘라 통에 담았다. 썰면서 하나씩 입안에 넣자 단맛이 가득 퍼졌다. 마리에게도 먹여 주려 하니 수박이 아니라 손가락을 먹으려고 하는 통에 웃음이 터지고 말았다.

재와 물거품

둘의 웃음 사이로 쏴아아 빗방울이 떨어졌다. 달궈진 프라이팬에 반죽을 올리자, 넉넉하게 두른 기름과 반죽이 만나 차르르 익는 소리가 들렸다.

"맛있는 냄새 난다."

"금방 해 줄게."

비가 와서 눅눅해진 공기와 잘 구워진 반죽 냄새가 기가 막히게 어울렸다. 수아는 식탁 위에 막걸리와 잔, 앞접시, 젓가락을 정돈해 두고 손가락으로 막걸리병을 두드렸다. 마시면 머리가 찡할 만큼 시원해진 막걸리에 만족스러운 웃음을 짓고 있는데 마리가 커다란 접시 두 개를 들고 왔다. 테두리가 바삭하게 익은 호박전과 해물 김치전이 담겨 있었다.

"맛있겠다! 와인이 제일 좋지만, 역시 전에는 막걸리야."

"네가 술에 취할 줄 알았다면 벌써 알코올에 중독됐을 거야."

"에이, 취할 때까지 먹진 않겠지. 난 술이 맛있어서 먹는 건데!"

"말이나 못하면."

마리는 웃으면서 냉장고를 열었다. 레몬청에 탄산수를 붓고 수아에게 내밀자 손가락으로 톡 쳐서 살얼음이 낄 정도로 시원한 레모네이드를 만들어 주었다. 수아가 내민 막걸리 잔에 마리가 쨍 소리가 나게 잔을 부딪쳤다. 그 소리에 맞추어 어디선가 천둥소리가 크게 들려왔다. 우산이 있어도 소용없을 만큼 바람이 강해졌고 시원하게 내리던 빗줄기는 어느새 점점 굵어져 사방을 두드렸다.

"비가 많이 오네."
"그러게."

라디오에서는 계속 태풍의 위험성에 대한 안내가 흐르고 있었는데, 수아는 듣기 싫다는 듯 채널을 돌렸다. 흥겨운 아이돌 노래가 좋은지 손을 팔랑거리며 자리로 돌아왔다.

"… 이번 태풍이 센가 봐."
"응. 엄청 세."

지금 오고 있다는 태풍 때문에 사람이 다치거나 어쩌면 죽을 수도 있다. 이기적인 인간들, 마리가 입버릇처럼 말하던 죽어 마땅한 인간들이… 돈을 더 벌기 위해 어떻게든 뜨내기 외지인을 등쳐먹고, 섬을 무분별하게 개발하기 위해 사람들을 떼돈으로 유혹하며 서명을 받으러 다니는 인간들이 죽어 사라질 기회일지도 몰랐다.

간밤에 파도가 거셌는데 잠은 잘 잤냐며 걱정해 주는 사람도 있었고 김치를 사 먹는 걸 보고 우리 집 김치 가져가서 먹으라며 쥐여 주는 사람도 있었다. 몇 없는 어린아이들을 가르치며 웃는 얼굴로 다니는 선생, 바다낚시 하러 오는 사람들을 친절하게 대하는 낚싯배 선장, 배 앞에서 부지런히 그물을 손질하는 어부 등 다정하고 선량하며 부지런한 사람도 있었지만, 글쎄. 섬 밖에 살고 있는 인간이 아직 많으니 섬에 사는 나쁘거나 좋은 인간이 모조리 죽

재와 물거품

더라도 바다에서 물 한 방울이 증발한 것처럼 티도
나지 않을 것이다.

"태풍을 약화해야 하지 않아?"

"굳이 왜?"

"수아야, 너 인어잖아…. 섬과 섬사람들을 사랑해
서 태어난 인어."

"난 사람들이 아니라 네 목소리를 듣고 태어났
어. 어제도 오늘도 내일도 너를 위해서 살 거야."

순간 수아의 어깨가 투명해지며 물거품 하나가
허공으로 떠올랐다. 마리는 물거품을 향해 손을 뻗
었으나 잡을 수도 보낼 수도 없어, 희미한 형체만
유지하고 있는 어깨를 허공에서 쓰다듬었다. 물거
품은 거실 등 아래에서 무지갯빛으로 빛나다가 이
내 사라졌다.

"아, 우리가 위험해질까 걱정돼서 그래? 아무리
태풍이 강해도 우리 집은 안전하니까 술이나 마
시자!"

자신이 수아를 죽였다. 마녀가 기어코 인어를 죽
인 것이다. 비늘에 어린 빛이 약해졌다는 걸 직접
보고도 시간을 거슬러와서 그렇겠거니 했던, 그저
수아가 옆에 있다는 것만으로도 행복해서 가만히
있었던 자신의 탓이다. 애정 어린 시선으로 살피고
주시하며 바다가 더럽혀지지 않도록 지켜야만 했
는데. 인간의 악의가 공기처럼 퍼져 있는 곳에서 마
녀가 쉬이 인간을 죽이는 모습을 본 인어는 결국 모
든 빛을 잃은 것이다.

먹은 걸 다 치우고 씻으니 정오가 조금 지나 있었다. 바람이 바다를 뒤섞고 파도가 섬을 집어삼킬 듯 몰아치고 있었지만, 집 안에서는 시원하게 내리는 빗소리만 들렸다.

은은한 조명 아래 마리가 환하게 웃고 있는 수아에게 키스했다. 동그란 어깨와 한 손에 들어오는 가슴을 지나 납작한 배에 쪽쪽 소리를 내며 입을 맞추고 손으로는 매끄러운 허벅지와 말랑거리는 엉덩이를 쓰다듬었다. 자신에게 달려오고 싶다는 바람 때문에 만들어진 두 다리가 눈물이 날 정도로 사랑스러웠다.

울컥한 마음에 잠시 가만히 있자, 이번에는 수아가 숨을 헐떡거리면서도 자신이 더 많이 사랑한다는 듯 섬세하고 녹진하게 마리의 몸을 탐험했다.

계속 타올라 재밖에 남지 않았던 마음에 수아가 꾸준히 애정을 주니 싱그러운 싹이 돋아나는 것 같았다. 끊임없는 입맞춤과 자신 하나만 바라보는 시선과 파르르 떨리는 손가락과 크게 울리는 고동 소리와 늘 서늘하나 자신과 닿아 있으면 순식간에 미지근해지는 체온이 한결같은 사랑을 표현하고 있어서, 마리는 행복했다. 미움과 증오와 경멸과 분노와 혐오가 물에 서서히 젖어 순식간에 녹아내리고, 행복과 환희와 들뜸을 노래했다. 마녀가 행복을 느끼는 건 모두 수아 덕분이었다.

아주아주 행복해서, 달뜬 숨소리와 물방울이 굴러가는 것 같은 웃음소리와 맞닿은 피부로 느껴지

재와 물거품

는 땀에도 눈물이 흘렀다. 이 순간이 영원히 지속되면 좋겠다는, 무심코 든 생각에 그만 웃고 말았다.

영원, 영원, 영원….

끝을 앞두고서야 영원을 바라게 되다니. 코앞에서 발갛게 달아오른 얼굴로, 처음 만났을 때처럼 반짝이는 눈동자로, 계속 웃음이 나오는지 내려올 줄 모르는 입꼬리로, 너무 기분이 좋아 제어가 되지 않는지 허벅지에 돋아난 매끄러운 비늘로, 수아가 얼마나 행복한지, 자신을 얼마나 사랑하는지 새삼 느낄 수 있었다.

도대체 너는 나를 왜 이렇게 사랑하는 걸까? 나는 어째서 너에게 지울 수 없는 상처를 입히고도 너를 놓아주지 못하고 여전히 사랑하는 걸까?

몇 번이고 맞닿았지만, 이렇게 서로의 깊숙한 곳까지 닿았다고 느낀 것도, 이렇게 아득한 느낌이 드는 것도 처음이었다. 세상이 끝날 것 같이 몰아치는 태풍 속에서 평온함을 누리고 있기 때문일까? 다른 사람들의 목숨이 위험할지도 모르는 이 상황에서, 수아와 이렇게 숨을 섞고 있는 게 이기적이라는 생각이 들었지만 뭐 어떤가. 자신이 이렇게 행복해야… 미련과 후회를 끌어안고 나아갈 수 있는 거 아닐까.

마리는 수아의 목을 두 팔로 끌어안고 잡아당겼다. 부드럽게 다가오는 수아의 입술에 입을 맞추고 사랑한다고 속삭였다. 사랑한다고, 영원히 사랑할 거라고…. 그 말을 듣자마자 수아가 웃으면서 후두

둑 떨어뜨리는 바다를 입술로 받아 마셨다. 이제 자신의 안에도 수아의 바다가 있었다. 돌고 도는 순환과 생명의 바다. 사랑은 끝이 없고, 자신은 언제나 행복할 것이다. 이 마음이 수아에게도 전해지기를, 한때 무녀였던 마녀가 바다에 고하듯 간절히 바랐다.

금이 더 깊게 갈까 봐 껴 보지도 못하고 손수건으로 잘 감싸 서랍 속에 보관만 하고 있던 옥가락지를 꺼냈다. 침대 위에 깊게 잠들어 있는 수아에게 가볍게 입 맞췄다. 잠결에도 살며시 올라가는 수아의 입술을 매만지다, 이러다가는 떠나지 못할 것 같아 가까스로 몸을 돌리고 집을 나섰다. 우산은 소용없을 듯해 챙기지 않았다. 집 주변은 정말 평화로웠다. 여느 비 오는 날과 다르지 않은 것 같았다.

마당을 벗어나자마자 물에 빠진 것처럼 온몸이 젖었다. 젖은 머리카락을 쓸어내리고 바다로 내려가기 위해 길의 상태를 확인했다. 이 빗속에 내려가기에는 경사가 너무 심했지만 수아가 일어나 뒤따라오기 전에 얼른 가야 했다. 몇 발자국 내딛기 무섭게 발이 미끄러졌다. 튀어나오려는 비명을 애써 삼킨 채 다른 발로 지지했으나 잘못 디뎠는지 욱신거렸다.

바람이 너무 심해 몸이 휘청거릴 정도라 천천히 발걸음을 옮겨 바다 앞으로 가던 중이었다. 몸을 최대한 낮추고 걸어가는데 어디선가 비명이 들렸다. 빗소리 때문에 다른 소리를 잘못 들었나 싶었지만 아까보다 힘이 빠진 목소리가 다시 들렸다. 소리가

재와 물거품

나는 방향으로 고개를 돌리자 아이가 바람에 떠밀렸는지 언덕 위에서 아래로 굴러떨어지는 모습이 보였다. 불을 다루는 힘 따위, 사람을 구하는 데에는 아무 쓸모가 없었다. 마리는 이를 악물고 뛰어가 아이를 끌어안고 몇 바퀴를 굴렀다.

"민지야! 네가 왜 여기 있어!"

"주, 죽는 줄 알았다! 여기로 올 때만 해도 바람이 이 정도는 아니었는데!"

"강민지!"

"수아 언니는 어디 있어요? 대피하러 같이 가요! 바닷가라 위험해요!"

비바람에 날아갈 것 같은 민지를 있는 힘껏 끌어안았다. 혼자 돌아가라고 하기에는 바람이 심했다. 파도가 밀려올 때마다 조약돌이 이리저리 움직이고 있었다. 까닥하면 바람에 떠밀려 바닷속으로 끌려들어갈 것 같았다. 민지는 검푸른 바다를 보고 겁에 질렸는지 마리의 목을 꽉 끌어안았다. 천천히, 조심스럽게 걸어 바람을 조금이나마 피할 수 있는 바위 뒤에 민지를 데려다 놓았다.

"여기 꼼짝 말고 있어."

"어, 언니는요?"

"다 괜찮아질 거야."

민지의 머리를 쓰다듬고 바다로 향했다. 바다에 발을 담그기가 무섭게 바람에 떠밀려 넘어졌다. 파도가 매섭게 몰아치며 마리의 온몸을 집어삼키고 물속으로 끌어당겼다. 끌려가지 않도록 한순간에 불을 내뿜자 뿌연 해무가 일어났다가 사라졌다. 온몸에 힘을 단단히 준 채로 서서 주머니에 넣어 두었던 손수건을 펼치고 그 안에서 금이 간 옥가락지를 꺼내 두 번째 손가락에 꼈다. 선대 무녀님, … 엄마, 마지막으로 한 번만 도와주세요.

"마—리——!"

아무리 바람과 파도 소리가 커도, 수아가 자신을 부르는 목소리는 들을 수 있었다. 물에 젖어 엉망인 자신과 달리 태풍으로부터 비켜나 있는 듯한 수아의 모습은 물에 젖지 않아 싱그러웠다. 얼굴빛이 사색이 된 채로 놀라는 대신에 웃고 있었다면 더 좋았을 텐데. 마리는 수아를 보고 웃었다. 아주 어여쁘게 보였길 바라며 환하게.

"뭐 하는 거야! 안 돼!"

마녀는 마지막 무녀이면서도 무녀가 아니었기에, 무녀의 물건에 기대어 기원을 올렸다.

"바다님이시여, 무녀로 태어나 무녀로 죽은 마녀가 고합니다. 바다님의 분노는 제가 받을 테니 부디 어리고 어리석은 인어를 굽어살펴 주세요. 만물과 만인을 사랑해야 하는 인어가 한 마녀를 사랑한 걸 용서해 주세요.
하늘님이시여, 당신의 뜻을 이어받았으나 그 뜻을 헤아리지 못한 어리석은 마녀가 고합니다. 인간됨을 버렸으나 사랑을 버리지 못한 불쌍한 마녀의 마지막 소원입니다. 저의 모든 걸 바치오니 인어에게… 수아에게 인간에 대한 사랑을, 잃어

재와 물거품

버린 빛을 돌려주세요."

마녀는 자신의 몸을 제물 삼아 기원을 드렸다. 손가락에 끼고 있던 옥가락지가 산산이 부서지고 마리의 몸속에서부터 불이 치솟아 올랐다. 어찌나 열기가 강렬했던지, 순식간에 앞이 제대로 보이지 않을 만큼 안개가 피어올랐다.

새파랗게 너울거리는 불꽃은 뭘까. 한일까, 사랑일까. 그때는 제물이 되고 싶지 않아 마녀가 됐는데…. 삶은 알 수 없는 일투성이였다. 그래도 수아를 위해서 할 수 있는 일이 있다는 건 기뻤다. 온몸이 재가 되는 이 순간에도 웃음이 나올 만큼.

"마리야, 안 돼!"

마녀를 중심으로 퍼진 안개는 먼지를 삼키고, 바위를 삼키고, 마리와 수아의 집을 삼키고 섬 전체로 번졌다. 곧이어 온 섬을 뒤집을 것만 같은 거센 비바람이 불어왔으나, 재투성이 불꽃을 만나 부드러운 물안개로 변했다. 비에 젖은 재의 일부는 바다로, 일부는 태풍을 타고 섬에 흩뿌려졌다.

구르다시피 달려온 수아가 마리에게로 다가가려했으나, 바닷물과 뒤섞인 안개는 수아를 원래의 모습으로 만들어 버렸다. 수아는 그날처럼 두 팔로 기어서라도 마리에게 가려고 했다. 빛을 잃어버린 비늘은 수아가 앞으로 기어갈 때마다 허물이 벗겨지듯 하나씩 떨어졌다. 비늘이 떨어져 나간 자리에서 피가 흘러내렸지만, 수아는 아픈 줄도 모른 채 울부짖었다.

"싫어, 이런 거 다 필요 없어. 우리 둘이 행복해지자고 했잖아!"

분노한 인어의 힘에 이끌려 마리의 키보다 더 큰 파도가 밀려와 마리가 만들어 낸 불꽃을 삼키려 했으나, 이내 안개로 변했다. 진한 안개 속에서 마리의 목소리가 흘러나왔다.

"행복해야 해."

마지막 남은 말이 너무 사무쳐, 수아의 마음속에 비통했던 그때가 생생히 되살아났다. 사랑하기 때문에 마리를 홀로 두고 사라지는 자신을 봤을 때, 마리의 마음도 이랬을까? 마음이 천 갈래 만 갈래로 찢어진다. 사람이었다면, 두 다리가 있었더라면, 네게 달려갔을 텐데. 불타오르는 너를 끌어안고 식혀 줬을 텐데.

"안 돼, 싫어, 마리야 이러지 마. 내가 잘못했어, 내가 할게, 내가 할 수 있어. 나 할 수 있어, 잘할 수 있어…. 열심히 사람들 도울게, 웃으면서 친절하게, 그럴 수 있어. 그만해 제발, 제발…."

파도가 몰아친다. 섬의 끝에서 끝까지를 한입에 삼킬 것만 같은 거센 파도가. 섬에 있는 모든 인간을 잡아먹을 것처럼 거세게 밀려오더니, 안개를 만나 더 큰 안개로 변한다. 사람들은 공포에 휩쓸려 죽음을 기다리다 온몸을 부드럽게 적시는 안개에 평온함을 느낀다. 섬을 때리는 파도가 이리저리 흔들리다 허공에 안개로 부서진다. 겁에 질려 목놓아 우는 아기에게도, 높은 나무 위로 올라간 가엾은 고

재와 물거품

양이에게도, 교실에 남아 서로를 끌어안고 엄마 아빠를 찾는 아이들에게도, 욕심 많은 사기꾼에게도, 남몰래 바람을 피우는 사람에게도, 고양이에게 돌을 던진 아이에게도 아주 작고 연약한 재를 품은 물안개가 너울거린다.

이윽고 빛을 잃은 수아의 비늘에도 재가 내려앉자, 비늘은 머나먼 곳에 있는 작은 별 무리처럼 희미하게 빛을 냈다.

마리를 잃은 수아의 눈물마저 마리의 열기에 닿아 안개 속에 뒤섞였다. 마리의 생과 수아의 힘이 담긴 안개가 수아를 포근하게 감싸 안자, 비늘이 떨어져 나가 피를 보이는 피부에서 전보다 더 짙고 진한 빛이 담긴 비늘이 자라났다. 수아가 이대로 바닷속으로 들어간다면 다시 인어의 삶을 영위할 수 있을 터였다. 아무 일 없었다는 듯이, 전보다 더 찬란하고 아름다워진 꼬리로 바다를 자유롭게 유영하겠지. 그렇지만….

"네가 없이는 싫어…."

수아는 아직도 타오르고 있는 불꽃 속으로, 마리를 향해 기어갔다. 불에 닿는 순간, 인어는 물거품으로 변하더니 이내 열기로 인해 안개가 되어 퍼졌다. 안개는 바다로, 하늘로 점점 넓어지고 커져 모든 것을 잠재우고 돌아갔다.

다시, 돌아간다.

5.

민지는 아무도 없는 바닷가에 앉아 멍하니 바다를 바라보고 있었다. 저번 경기 때 입은 부상은 쉽게 낫지 않았다. 주변 사람들이 운동은 이제 그만하고 코치를 하는 게 어떠냐고 위로를 했지만, 그건 위로가 아니었다. 가르치는 일도 물론 좋은데 아직은 선수로 뛰고 싶었다. 이를 악물고 재활 치료를 해도 마음대로 움직이지 않는 몸이 원망스러웠다. 감독이 후배들을 성희롱하는 걸 보고 반발했더니, 공식적인 훈련 강도를 높이고 나머지 훈련까지 시켰다. 숙이고 싶지 않아서 이를 악물고 훈련을 한 결과가 이거였다. 감독에게 대들지 않았더라면 부상을 입을 일도 없었을까? 가만히 참았다면 후배들이 피해를 봤겠지. 그래, 그건 잘한 거야. 후배들을 지킨 것에 대해서는 후회가 없다.

애인, 아니 이제는 전 애인이지. 이왕 이렇게 된 거 머리도 기르고 치마도 입고 집에서 살림이나 배우라는 말을 하던 그놈하고 헤어지고 고향으로 돌아와서 시간을 보내는 중이었다. 아빠는 대놓고 자신의 눈치를 봤고, 엄마는 눈치 안 보는 척 눈치를 봤다. 계속 집에만 있으니까 엄마가 등짝을 때리며 산책이라도 하라고 성화를 부리는 통에 발 닿는 대로 걷다가 이곳에 이르렀다. 마리 언니와 수아 언니가 사라진 바닷가.

그날, 태풍이 물러간 뒤 눈을 떠 보니 병원이었다. 수아 언니와 마리 언니는 어떻게 됐냐고 물어봤지만 어른들이 아는 건 아무것도 없었다. 수아 언니의 신비로운 비늘과 마리 언니가 만든 불에 대해 말하려고 했으나, 말해 봤자 믿지 않을 게 뻔해서 입을 다물었다. 한때는 머리를 다쳐서 헛것을 본 건 아닐까, 눈앞에서 사람이 태풍에 휘말리는 걸 본 충격 때문에 환상적인 상상이 덧붙은 건 아닐까 생각도 했지만 의심은 곧 가셨다. 태풍이 지나간 후 다시 찾아간 바닷가에서 비늘을 발견했다. 그때부터 그 비늘은 민지의 부적이 되었다.

민지는 비늘로 만든 목걸이를 손으로 쥔 채 바다에 대고 주절주절 이야기를 털어놓았다. 몇 달 전에 다친 곳이 아직도 낫지 않는다, 감독 새끼는 몸은 괜찮냐고 하면서 자꾸만 주무른다, 전 남친 새끼가 집으로 찾아와서 부모님 집으로 온 거다, 엄마 아빠가 어느새 많이 늙어서 속상하다, 마리 언니가 만들어 준 퐁당 쇼콜라 비법이 도대체 뭐냐, 어딜 가도 그 맛을 못 찾겠다, 언니들이 보고 싶다 등….

마리 언니와 수아 언니에게 이런 이야기를 털어놓았다면 어땠을까. 수아 언니는 옆에서 "우리 민지 그랬어?" 하며 꼭 끌어안아 주고, 마리 언니는 별말 없이 퐁당 쇼콜라를 만들어 주었을지도 모른다. 엄마 아빠한테는 힘들다는 소리도, 전 남친이 집으로 계속 찾아온다는 말도 못 했다. 그냥 지금까지의 인생이 다 실패한 것만 같아 눈물이 자꾸만 흘러나왔다. 규칙적으로 오고 가는 파도 속에 간헐적인 울음소리가 섞였다.

민지는 눈물을 줄줄 흘리면서 고개를 휙 들었다.

"나는! 할 수 있다! 포기하지 않을 거야! 마리 언니, 수아 언니, 제게 힘을 주세요!"

"맞아. 민지는 할 수 있어."

"어?"

어깨를 끌어안는 다정한 손길. 순간 전 남친이 여기까지 따라왔나 생각했지만 아니었다. 그토록 그리워했던, 꿈에서라도 느끼고 싶고 듣고 싶었던 온기와 목소리였다. 고개를 돌리니 옛날 모습 그대로인 수아가 보였다. 정말로 하나도 변하지 않았다. 자신은 이렇게 쑥 커 버렸는데…. 코끝을 스치는 달콤한 향기에 다른 쪽으로 고개를 돌리자 눈앞에 퐁당 쇼콜라를 내민 마리가 보였다. 방금 만든 듯 따끈따끈한 열기가 피부로 느껴질 정도였다.

"이게 그렇게 먹고 싶었어?"

"마리 언니…?"

수아가 김이 모락모락 나는 퐁당 쇼콜라를 민지 대신 받아 들고, 한 수저 깊숙하게 떴다. 녹진한 초콜릿이 흘러내리면서 아까보다 한층 더 진해진 초콜릿 향이 코를 찔렀다. 수아가 후후 불어 적당히 식은 걸 확인하고 민지에게 내밀었다. 민지는 너무 놀라서 울음을 그치고 저도 모르게 입을 벌려 받아먹었다. 이로 씹을 필요도 없이 혀 위에도 은근하게 녹아내리는 초콜릿이 지친 마음을 감싸 주는 것 같았다. 그쳤던 눈물이 다시 흘렀다. 어린 날, 아무런 걱정 없이 섬에서 뛰어놀고 수아 언니와 마리 언니

재와 물거품

의 집에서 간식도 먹고 낮잠도 자던 때가 그리웠다.

"오랜만에 봤는데 왜 자꾸 울어."

"언니… 언니…."

"아픈 거 다 날아가라, 얍! 이제 안 아플 거야."

"민지가 이제 애도 아니고 그게 뭐야. 민지야, 그
감독 죽여 줄까?"

"아니, 마리야. 그런 거 물어보면 애가 냉큼 죽여
주세요, 하겠어? 만약에 하더라도 홧김에 하는
소리겠지. 그리고 너 이젠 사람 함부로 죽이지 않
을 거라며. 그래 놓고 저번에도 어떤 사람 죽였잖
아. 물론 그놈이 강간하고 사람을 죽이는, 죽어도
싼 놈이기는 했지만 그래도 그 나라 법에 맡겼어
야지."

"그건 실수였고, 지금 민지가 울잖아."

"… 그건 그렇지만. 민지를 위해서 누굴 죽일 거
라면 애초에 민지한테 이런 얘기를 하면 안 되지.
이제 그 감독 죽으면 민지가 '내가 한 말 때문인
가?' 하고 죄책감에 시달리게 생겼잖아."

만담 같은 이야기에 눈물이 쏙 들어가고 웃음이
튀어나왔다. 누구를 죽였다느니 감독을 죽이니 마
니 하는 비일상적인 이야기를 듣고 있는데, 어느
때보다 언니들이 가깝게 느껴졌다. 그래, 그런 놈은
죽여도 싸지. 그래서 여름마다 낚시하러 와서는 아
이들 앞에서 아랫도리 흔들던 아저씨가 갑자기 실
종된 거구나.

"전 괜찮아요! 안 그래도 증거 모으는 중이에요.

감독 모가지는 내가 날릴 거예요!"

"민지 다 컸네. 멋있다."

수아와 마리가 일어나서 민지의 머리를 쓰다듬었다. 어린 시절로 돌아간 것만 같았다. 열심히 뛰어놀아 열이 오르면 수아가 서늘한 손으로 머리와 얼굴을 쓱쓱 쓰다듬어 주었다. 그러면 신기하게 쓰러질 것만 같았던 느낌이 가시고 눈이 또랑또랑해져서 마리가 준 간식을 먹고 다시 밖에서 뛰어놀 수 있게 되었다. 지금도 그때처럼 신나게 뛰어놀 수 있을 것 같았다.

"나중에 또 만날 수 있죠?"

"너 하는 거 봐서. 운동하는 거 좋아하지? 열심히 해."

"저 부상 때문에 은퇴해야 할 것 같다니까요…."

"다 나았다니까. 잘 있어. 비늘에 대고 말하는 건 가끔씩만 해. 너는 말이 너무 많아."

"그래. 태풍 치는 날은 얌전히 있고, 이 말썽꾸러기야."

"이제 안 그래요!"

민지는 웃으면서 눈물자국을 닦은 후 고개를 들었다. 그러나 주위엔 아무도 없었다. 남은 건 입안에 감도는 단맛과 발아래 가지런히 놓여 있는, 검은 별 무리가 반짝거리는 하얀 비늘뿐이었다. 목에 걸고 있는 건 하얀 별 무리가 반짝거리는 검은 비늘이었다. 둘을 함께 손에 들고 햇살에 비춰 보았다. 오색찬란한 햇살이 민지를 가만히 물들이고 있

재와 물거품

었다. 민지가 꿈꾸는 건 무엇이라도 이룰 수 있다고 응원하는 것 같았다. 다정한 온기를 느끼며 민지는 눈을 감고 미소를 지었다.

바다는 날마다 다르게 파도를 치겠지만 늘 그 자리에 있을 것이다. 수아와 마리의 사랑처럼, 영원토록.

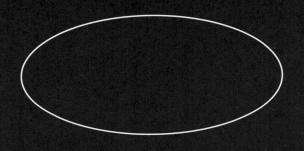

작가의 말

'미세먼지' 공모전에 당선되고 서울에 올라갔을 때 PD님께 여쭤봤습니다. 원천 스토리 공모전에 낼 작품, 단편도 괜찮나요? 그러자 PD님께서 완결성이 있는 이야기면 괜찮다고 하셨고, 저는 무턱대고 이야기를 상상하고 구상하고 정리해서 응모했습니다. 그 결과 당선되었고요. 이미 완결을 냈던 단편소설의 당선 소식을 들었을 때는 너무 기뻐서 환호성이 나왔지만, 이번에는 너무 무서웠습니다. 대략적인 스토리 말고는 아무것도 없었으니까요. 앞으로 어떻게 써야 할지, 시간적으로나 체력적으로나 장편을 쓰는 게 가능할지 막막했습니다.

　몇 달 동안 PD님과 회의하고 수정하고 수정하여 소설의 스토리를 정한 다음, 쓰고 또 쓰고 수정하고 수정한 끝에 이 책이 나오게 되었습니다. 지금도 믿기지가 않습니다. 제가 쓴 소설로만 채워진 한 권의 책이 나오다니….

　처음에 생각한 이야기의 끝은 해피 엔딩이 아니었습니다. 세상 물정을 모르는 인어가 대학에 와서 가스라이팅과 데이트 폭력을 당하다가 마녀의 도움을 받아 위험에서 벗어났으나, 결국 또 다른 가스라이팅을 당하며 이것은 사랑이 아니라고 말하는 이야기였거든요. 인어는 사랑하는 사람과 키스를 해야만 인간으로 변하는데, 자신을 너무 사랑한 나머지 과도한 방법으로 지켜 주려는 마녀에게 처음으로 입을 맞추었다가 "너의 사랑은 진실한 사랑이 아니었나 봐."라고 말하며 결국 물거품이 되어 사라지는 게 당초의 결말이 었습니다.

몇 번이나 수정을 거치는 중에도 해피 엔딩보다는 새드 엔딩이 더 걸맞겠다는 생각을 했습니다. '이게 사랑인가? 이런 사랑이 행복으로 이어져도 되나?' 하는 의문이 들었기 때문입니다.

그러나 오랫동안 수아와 마리에 대해 생각하고 쓰고 곱씹었기 때문일까요. 이들이 행복해지면 좋겠다는 생각이 점점 커졌습니다. 수아와 마리는 여러 사건 사고를 겪었음에도 불구하고 몇 번이나 다시 만나 조금 더 나은 존재가 되기 위해 노력하고 변하게 되었습니다. 이들이 상대방과 스스로를 사랑할 수 있는 존재가 되길 바라는 마음으로 이야기를 이렇게 끝맺었습니다. 수아와 마리는 가끔 다투겠지만 대부분 행복할 것이라고 생각합니다.

지지고 볶고 다툴 때도 있지만 그래도 아주 많이 사랑하는 가족, 이 이야기가 나올 수 있도록 도와주신 테오 PD님과 레미 PD님을 비롯한 안전가옥 여러분, 꼼꼼한 교정으로 더 멋진 이야기를 선보일 수 있도록 도와주신 이혜정 편집자님, 지치고 힘들 때 용기를 불어넣어 주신 지인분들께 감사 인사를 전합니다.

쓰는 동안 힘들고 지칠 때가 많았지만, 그보다 더 많이 즐겁고 행복했습니다.

이 책을 읽어 주신 분들도 가끔은 힘들고 지칠 때가 있겠지만, 그보다 더 많이 즐겁고 행복하시길 바라겠습니다.

감사합니다.

프로듀서의 말

재의 사전적 의미는 불에 타고 남은 가루 모양의 물질이고, 물거품의 사전적 의미는 다른 물이나 물체에 부딪혀서 생기는 거품으로 이렇게 굳이 자세하게 풀이하지 않아도 누구나 익히 알고 있는 단어들입니다. 다만 이 두 단어에 변화를 의미하는 '되다'라는 동사가 붙게 되면 전혀 관련이 없었던 단어들이 같은 의미를 지닌 관용구가 됩니다.

'재가 되다' 그리고 '물거품이 되다'는 모두 허사가 되었다, 또는 아무것도 얻지 못하고 헛된 결과만 남았다는 의미로 우리가 흔히 쓰는 표현이지요. 그러니 어떻게 보면 《재와 물거품》은 제목 자체에서 두 주인공의 필연적인 변화를 이미 압축적으로 보여 주고 있는 작품입니다. 바닷가 마을을 지키는 무녀였지만 마녀가 된 마리와, 인간을 지키는 인어였지만 마리만을 사랑하여 인간이 된 수아가 운명의 장난에 하염없이 휘둘리는 모습이 제목에 드러나 있는 것입니다.

그러나 《재와 물거품》을 끝까지 읽어 주신 분들은 마리와 수아가 진정한 사랑을 향한 어려운 여정을 절대 포기하지 않았음을, 모든 노력이 결국 헛되지 않았다는 걸 증명하기 위해 꿋꿋하게 나아갔음을 분명히 알아주실 것이라 생각합니다. 전개가 이러한 만큼, 김청귤 작가님의 《재와 물거품》은 안전가옥에서 여태까지 나온 작품 중 가장 직접적인 '사랑' 이야기이자 장르적으로도 '로맨스'라고 할 수 있습니다.

프로듀서의 말

로맨스는 확실한 규범과 관습을 지닌 장르로, 그 토대를 만들고 지금까지 큰 영향력을 발휘하고 있는 미국 로맨스 소설 작가 협회(Romance Writers of America, RWA)의 정의에 따르면 로맨스 소설에는 다음과 같은 규칙이 담겨 있어야 합니다.

- 사랑 이야기가 중심이 되어야 한다.
- 엔딩은 감정적 만족을 주는 긍정적인 내용이어 야 한다.
- 사랑 이야기가 중심을 이루고 엔딩이 긍정적이 라는 기준만 충족한다면, 어떤 배경과 어떤 플롯 을 포함하든 상관없다.

이 조건에 부합하는 마리와 수아의 사랑 이야기 《재와 물거품》을 통해 독자 여러분이 사랑의 괴로움 보다는 즐거움에 더 가까이 다가갔으면 합니다. 언젠 가는 반드시 희망으로 가득한 미래가 온다는 것을 믿 으며 사랑하시기를 소망합니다.

마지막으로 작가님께 감사 말씀을 드리고 싶습니 다. 정말 많은 어려움 속에서도 한결같이 노력해 주 신 작가님 덕분에 2019년 여름에 처음 만났던 작품 이 이제 세상에 나올 수 있게 되었습니다. 때로는 제 가 담당 프로듀서가 아니었다면 더 멋진 작품이 되 지 않았을까, 더욱 많은 사랑의 풍경을 담은 이야기 가 되지 않았을까 하는 생각에 고민했으나 지금은 하 고자 하는 이야기를 멈추지 않고 풀어내 주신 김청귤 작가님께 감사의 마음만을 품고 있습니다.

더불어 수많은 사랑 이야기 속에서 《재와 물거품》를 선택해 주시고, 마리와 수아의 여정을 끝까지 함께해 주신 독자분들께 감사의 마음을 전합니다.

안전가옥 스토리 PD
윤성훈 드림

프로듀서의 말

재와 물거품

지은이	김청귤
펴낸이	김홍익
펴낸곳	안전가옥

기획	안전가옥
프로듀서	윤성훈 · 정지원
	김보희 · 이수인 · 이은진 · 임미나
퍼블리싱	박혜신 · 임수빈
편집	이혜정
디자인	금종각
서비스 디자인	김보영
비즈니스	이기훈
경영지원	홍연화

출판등록	제2018-000005호
주소	(04779) 서울특별시 성동구 뚝섬로1나길 5,
	헤이그라운드 성수 시작점 202호
대표전화	(02) 461-0601
전자우편	marketing@safehouse.kr
홈페이지	safehouse.kr
ISBN	979-11-91193-11-4
초판 1쇄	2021년 5월 31일 발행
초판 2쇄	2021년 7월 16일 발행
초판 3쇄	2022년 2월 8일 발행
초판 4쇄	2022년 4월 1일 발행
초판 5쇄	2022년 8월 5일 발행
초판 6쇄	2023년 1월 10일 발행
초판 7쇄	2023년 10월 25일 발행
초판 8쇄	2024년 4월 9일 발행
초판 9쇄	2024년 8월 19일 발행

안전가옥 쇼-트 시리즈